LE MANAGER MINUTE AU TRAVAIL

Traduction autorisée de *Putting the One Minute Manager to Work*

Kenneth BLANCHARD, Ph. D.
Robert LORBER, Ph. D.

1:01 LE MANAGER MINUTE AU TRAVAIL

Traduit par Sophie MARNAT

LES ÉDITIONS D'ORGANISATION
5, rue Rousselet — 75007 PARIS

AUX ÉDITIONS D'ORGANISATION

Kenneth Blanchard, Spencer Johnson
Le Manager Minute

Alain Cardon
Le manager et son équipe

Raymond Chappuis, Jean Paulhac
Y a-t-il quelqu'un qui commande ici ?

Guy Delaire
Commander ou motiver ?

Thomas Devers
Communiquer autrement.

Natasha Josefowitz
Vous voilà cadre ! Éditions Hommes et Techniques

Natasha Josefowitz
Réussir sa carrière au féminin

Pierre Lebel
L'animation des réunions
L'art de la négociation

Henry Mintzberg
Le manager au quotidien

Pierre Nicolas et Jérôme Mortemard de Boisse
La gestion du temps (mémento)

Pierre Nicolas et Jacques Turbe
Gestion des réunions (mémento)

Gabrielle Rolland
Le temps des leaders

Lothar J. Seiwert
Maîtrisez votre temps

Jean Simonet
Organisation personnelle du travail

Patrice Stern
Être plus efficace

ISBN américain : 0-688-02632-X
ISBN français : 2-7081-0870-0

101 *Sommaire*

Pages

Le Symbole

Le symbole du Manager Minute – un cadran d'horloge numérique affichant une minute – est destiné à nous rappeler de prendre une minute dans notre journée, de temps à autre, pour regarder en face les gens que nous dirigeons – et de prendre conscience du fait *qu'ils* constituent nos ressources primordiales.

A nos épouses, Margie et Sandy,
pour leur amour et leur soutien constants
à travers les aléas de la vie.

:01 *Introduction*

Dans le dernier épisode du *Manager Minute,* le brillant jeune homme qui recherchait un manager efficace a appris les trois secrets du Manager Minute. Il s'est immédiatement aperçu que ces secrets étaient la clé d'un management efficace.

Le jeune homme a bien appris ses leçons. Il a fini par devenir un Manager Minute lui-même.

Il fixe des Objectifs Minute.

Il donne des Félicitations Minute.

Il fait des Réprimandes Minute.

Dans ce deuxième épisode du *Manager Minute,* un manager chevronné se demande si la mise en pratique quotidienne des trois secrets va réellement changer les choses là où cela compte : dans la productivité. Il recherche la réponse à sa question auprès d'un nouveau Manager Minute. C'est ainsi qu'il apprend à appliquer systématiquement le Management Minute de manière à atteindre l'excellence.

Ce livre a été conçu pour accompagner l'ouvrage original. C'est un outil pratique qui peut être utilisé indépendamment pour appliquer les trois secrets, mais l'expérience sera probablement plus riche si vous lisez d'abord *Le Manager Minute.*

Nous espérons que vous appliquerez ce qu'apprend le manager chevronné et que cela changera votre vie et celle de vos collaborateurs.

Kenneth BLANCHARD, Ph. D.
Robert LORBER, Ph. D.

Le Manager Minute au travail

101 La bibliothèque du Manager Minute

Le Manager Minute, que j'ai écrit avec le Dr Spencer Johnson, a reçu un accueil enthousiaste. Ce livre est resté sur la liste des best-sellers du *New York Times* pendant plus d'un an : il s'est vendu à plus d'un million d'exemplaires dans le monde entier et il a été traduit dans seize langues, pour notre plus grande satisfaction. La liste des membres de grandes entreprises et de sociétés innovantes et dynamiques qui ont découvert et profité des secrets du Manager Minute s'allonge chaque jour davantage. Il semble que nous ayons atteint notre but : écrire un livre concis et facile à lire pour les managers, un livre qui fasse découvrir les sciences du comportement à tous ceux qui espèrent influencer les autres.

L'une des réactions les plus gratifiantes que nous ayons reçues de la part des managers en activité est que l'apprentissage serait vraiment plus facile si tous les ouvrages de gestion étaient écrits dans le style du *Manager Minute*. Suite à cette réaction générale, j'ai décidé de créer LA BIBLIOTHÈQUE DU MANAGER MINUTE. Mon idée est d'écrire une série de livres en collaboration avec certains des penseurs les plus créatifs et innovateurs dans le domaine du management. Mon espoir est qu'un jour, un manager sera assis à un bureau, se demandant ce que propose le Manager Minute sur un sujet tel que la prise de décision, la gestion du temps, le leadership, l'écoute, la délégation, la constitution d'une équipe, la gestion des groupes et l'influence ascendante, et il n'aura qu'à se tourner pour prendre dans sa bibliothèque un livre du Manager Minute traitant de cette question.

Pour lancer le concept de bibliothèque du Manager Minute, je me suis associé à l'un des consultants éminents en matière d'amélioration de la productivité, le Dr Robert Lorber. J'ai décidé de travailler avec Bob parce que l'intérêt qu'il porte à l'application et au suivi s'inscrit en parallèle au mien et à celui de ma société, Blanchard Training and Development, Inc. De fait, nous travaillons en étroite collaboration avec son entreprise, RL Lorber and Associates, Inc., pour offrir aux entreprises les meilleurs services possibles dans le domaine des ressources humaines. Sous la direction de Bob, au cours des huit dernières années, des programmes d'amélioration du rendement, en matière de production, de qualité, de sécurité et d'efficacité ont été mis en place, lesquels ont permis à des entreprises du monde entier d'économiser des millions de dollars. Les P.-D.G. de certaines de ces entreprises recommandent la lecture de ce livre. Bob Lorber est non seulement un professionnel compétent, mais aussi un être humain de première qualité. Je suis fier d'avoir collaboré avec lui pour mettre le Manager Minute au travail.

Kenneth H. Blanchard, Ph. D.

LORSQUE le manager chevronné eut fini de lire *Le Manager Minute*, il posa le livre à côté de lui sur la table basse et se détendit dans son fauteuil. Son visage était empreint d'un air interrogateur. Il avait déjà lu le livre au bureau, mais il l'avait rapporté à la maison pour le lire une seconde fois.

« Même après une seconde lecture, pensait-il, je ne peux pas contester la logique des trois secrets du Manager Minute. Mais si je les mets en pratique, deviendrai-je réellement un manager plus productif ? »

Le manager chevronné décida de chercher une réponse à sa question. Le lendemain matin, il téléphonerait à un manager d'une ville voisine qui avait, ces dernières années, transformé une entreprise en difficulté en une société très rentable. Le vétéran du management avait lu dans un journal une interview de ce manager, dans laquelle il attribuait une grande partie de sa réussite à la pratique du Management Minute. En fait, il s'appelait lui-même désormais un « Manager Minute ».

LE lendemain matin, lorsque le manager chevronné arriva à son bureau, il appela le nouveau Manager Minute. Il se présenta et demanda au manager s'il pouvait venir le voir dans le courant de la semaine pour parler du Management Minute. Le vétéran s'attendait à la réponse, mais il fut tout de même surpris d'entendre le Manager Minute dire :

– Vous pouvez venir quand vous voulez, sauf mercredi matin, parce que c'est le jour de la réunion avec mes principaux collaborateurs. A vrai dire, je n'ai pas grand-chose d'autre de prévu cette semaine. A vous de choisir l'heure.

– Je serai là demain matin à dix heures, dit le manager chevronné, riant en son for intérieur.

Après avoir raccroché, il pensa : « Cette rencontre devrait être intéressante. Je suis sûr que je vais avoir la réponse à mes questions. »

Lorsque le manager chevronné arriva au bureau du Manager Minute, la secrétaire lui dit :

– Il vous attend. Vous pouvez entrer.

En entrant dans la pièce, il vit un homme âgé d'une quarantaine d'années, debout près de la fenêtre, regardant dehors.

Le manager chevronné toussota et le Manager Minute tourna la tête. Il sourit et dit :

– Heureux de vous voir. Asseyons-nous par là.

Il conduisit le manager vers un salon aménagé dans un coin de la pièce.

– Que puis-je faire pour vous ? demanda le Manager Minute en s'asseyant.

– J'ai lu *Le Manager Minute*, mes collaborateurs aussi, commença le manager chevronné. Pour l'instant, je suis enthousiaste, et mes collaborateurs aussi, mais c'est presque toujours le cas quand nous introduisons de nouveaux systèmes de management. Ma question est la suivante : comment peut-on appliquer le Management Minute de manière à transformer les secrets en compétences utilisables et à changer les choses là où ça compte vraiment : dans la productivité ?

– Avant de répondre à cette question, j'aimerais vous en poser une à mon tour, dit le Manager Minute. A votre avis, quel est le message du Management Minute ?

– C'est très simple, dit le vétéran. Si vous me donnez une feuille, je vais l'écrire.

Le Manager Minute se dirigea vers son bureau et y prit un bloc-notes, qu'il donna au manager chevronné. Sans hésiter, celui-ci écrivit :

★

Les gens qui produisent
de bons résultats
se sentent bien dans leur peau

★

– C'est intéressant, dit le Manager Minute, en désignant du doigt un panneau affiché derrière son bureau où l'on pouvait lire : LES GENS QUI SE SENTENT BIEN DANS LEUR PEAU PRODUISENT DE BONS RÉSULTATS. Pourquoi l'avez-vous modifié ?

– Je pense que cela représente mieux l'essence du Management Minute, insista le vétéran ; et c'est plus cohérent avec ce que vous enseignez.

– Cohérent ? demanda le Manager Minute.

– Oui, répondit fermement le manager chevronné. Vous dites que l'un des ingrédients clés des Félicitations Minute est leur spécificité : il faut dire exactement à la personne concernée ce qu'elle a fait de bien.

– C'est vrai, acquiesça le Manager Minute.

– Les félicitations, qui aident les gens à se sentir bien dans leur peau, ne sont donc efficaces que lorsque les gens ont déjà fait quelque chose de positif, dit le manager chevronné, sentant qu'il avait réussi à piéger le Manager Minute.

– AH ! vous vous y entendez, dit en riant le Manager Minute, et vous avez vraiment compris le fonctionnement du Management Minute. Je crois que vous allez m'apprendre des choses. Je me ferai aussi un plaisir de partager avec vous ce que je sais.

– Je ne suis pas sûr que je vous apprendrai beaucoup de choses, répondit le manager chevronné. Je ne suis qu'un « homme d'action » qui a survécu.

– Ah, vous n'acceptez pas facilement les compliments, s'étonna le Manager Minute. La plupart des gens ont du mal à accepter les compliments.

– J'imagine que c'est parce que nous n'avons pas beaucoup d'entraînement en la matière, dit le vétéran. Et il n'est pas facile de faire les choses qu'on n'a pas l'habitude de faire, même si on y croit.

– Vous avez raison, répondit le Manager Minute. L'une des difficultés, dans l'application du Management Minute, c'est que les gens doivent changer certains de leurs comportements habituels. Le fait de s'intéresser à la façon dont les gens se traitent mutuellement à leur travail et de changer ces habitudes est quelque chose dont on parle beaucoup mais qu'on ne fait guère. La plupart des chefs d'entreprises pensent que le perfectionnement des cadres n'est qu'un avantage accessoire, une petite douceur qu'ils peuvent offrir chaque année à tous leurs employés. C'est la raison pour laquelle j'ai affiché cette maxime, ajouta-t-il en montrant un panonceau de l'autre côté de la pièce.

Ce panneau portait l'inscription suivante :

★

La plupart des entreprises
passent tout leur temps
à rechercher un nouveau concept
de management
et très peu de temps
à appliquer celui
que leurs managers
viennent d'apprendre

★

– C'est bien vrai ! dit le manager chevronné. Et les gens font la même chose. Ils sont toujours à la recherche d'une nouvelle façon d'arranger les choses au lieu d'utiliser ce qu'ils ont appris. Ils passent d'un régime amincissant à l'autre, d'un projet d'exercice physique à l'autre, sans poursuivre le dernier programme qu'ils ont entrepris.

– Et ensuite ils s'étonnent de ne pas perdre de poids ou de ne pas améliorer leur forme physique, dit le Manager Minute. Cela me rappelle l'histoire de l'homme qui a dérapé et est tombé d'une falaise alors qu'il marchait sur la crête d'une montagne. Heureusement, dans sa chute, il a pu s'accrocher à une branche. Agrippé de toutes ses forces à cette branche, il regarde au-dessous de lui et il voit la vallée, quelque cinq cents mètres plus bas. Il regarde en haut : le bord de la falaise se trouve à cinq mètres au-dessus de lui. Paniqué, il hurle : Au secours, au secours, y a-t-il quelqu'un là-haut ? Au secours !

« Il entend alors une voix retentissante : Je suis ici et je te sauverai si tu crois en moi.

« – Je crois, je crois ! crie l'homme.

« – Si tu me crois, dit la voix, lâche la branche et ensuite je te sauverai.

« Le jeune homme, entendant ces mots, regarde à nouveau en bas. Voyant le précipice au-dessous de lui, il lève à nouveau la tête et crie : Y a-t-il quelqu'un d'autre là-haut ?

– Elle est excellente, dit en riant le manager chevronné. C'est exactement ce que je ne veux pas faire : m'accrocher à la branche et continuer à chercher un autre système. Le Management Minute représente la manière dont je veux diriger et être dirigé. Tout ce que je veux savoir, c'est comment l'appliquer de telle sorte que cela dure et change les choses.

– Alors vous êtes venu au bon endroit, dit le Manager Minute. Quels problèmes avez-vous rencontrés dans l'utilisation des trois secrets ?

– Je pense que la principale difficulté, dit le vétéran, est de transformer les secrets en compétences. C'est-à-dire, savoir quand faire quoi. Par exemple, je crois qu'il m'arrive de réprimander alors que je devrais être en train de fixer des objectifs, et parfois je fixe des objectifs alors que je devrais réprimander.

– J'ai eu les mêmes problèmes, dit le Manager Minute, avant d'apprendre à compter mes 3 C.

– Je me doute que vous savez compter jusqu'à 3, dit le vétéran. Alors que voulez-vous dire ?

– EN effet, je sais compter jusqu'à 3, mais les 3 C sont une façon de revenir aux éléments de base. Ce sont eux qui ont aidé cette organisation à assurer la transition des secrets aux compétences. Nous connaissions les trois secrets du Management Minute et nous étions vraiment enthousiasmés, mais ils n'ont influé significativement sur les résultats qu'à partir du moment où nous avons appris les 3 C du management, dit le Manager Minute.

Se tournant vers le tableau, il écrivit :

C = Conventions
C = Comportement
C = Conséquences

Puis il expliqua :

– Le premier C représente les *conventions*. Ce sont les choses dont le manager doit convenir avec une personne avant de lui demander d'atteindre un objectif. Le deuxième C, c'est le *comportement*, les résultats ou la productivité. C'est ce que fait ou dit une personne. Le troisième C représente les *conséquences*, c'est-à-dire ce que fait le manager une fois que l'autre personne a réalisé ou tenté de réaliser un objectif. Si les managers arrivent à comprendre et à mettre en place les conventions et les conséquences nécessaires, ils peuvent obtenir un comportement ou des résultats plus productifs.

– Donc, le fait d'apprendre les C est l'une des clés pour atteindre de meilleurs résultats, dit le vétéran.

– Très certainement, répondit le Manager Minute. Un certain nombre d'entreprises se sont aperçues qu'elles pouvaient obtenir une amélioration significative de la productivité en appliquant les 3 C de façon suivie et en amenant leurs responsables à utiliser effectivement les 3 C et d'autres stratégies d'application que je vous expliquerai.

– Pourriez-vous m'en dire plus ? demanda le manager chevronné.

– A mon avis, ce qui est intéressant, c'est que ces entreprises se trouvent dans diverses branches industrielles et commerciales, mais elles ont toutes enregistré une amélioration réelle de leurs résultats. Elles ont travaillé sur des points tels que la productivité (qualité et quantité), la sécurité, la stabilité du personnel, les ventes, les coûts et les bénéfices.

– Vous m'intéressez, dit le vétéran. Je pense que je ferais mieux d'en apprendre plus sur les 3 C si je veux appliquer le Management Minute et obtenir des résultats dans ces domaines.

– Vous pourriez aller voir l'un de nos collaborateurs, Tom Connelly, dit le Manager Minute. Il a diminué la rotation du personnel et obtenu une amélioration significative des résultats dans l'un de nos services. Il vous dira tout sur les 3 C.

– J'aimerais beaucoup le rencontrer, dit le manager chevronné. Mais avant que vous l'appeliez, permettez-moi de vous poser encore une question. Fonctionnez-vous toujours par 3 ? D'abord les 3 secrets, et maintenant les 3 C.

– Non, pas toujours, dit en souriant le Manager Minute. Mais je crois au régime S.E.C. : Simple Et Concis. Je pense que les gens ne peuvent pas se souvenir d'une grande quantité de choses, surtout s'ils doivent utiliser ce qu'ils ont appris.

– Mais le régime S.E.C. n'implique-t-il pas habituellement des privations ? demanda le vétéran.

– Si, admit le Manager Minute. Mais le Management Minute est une approche positive de la gestion humaine, c'est pourquoi les lettres de ce sigle représentent des concepts positifs.

– Je savais que vous auriez une bonne explication, dit en souriant le manager chevronné. Je me réjouis de faire la connaissance de Connelly.

Le Manager Minute composa un numéro de téléphone et dit :

– Tom, j'ai dans mon bureau un manager chevronné qui veut apprendre les 3 C. Es-tu disponible ?

Le vétéran ne pouvait pas entendre tout ce qui se disait au téléphone, mais il sourit lorsqu'il crut entendre Connelly dire :

– Envoie-le-moi. Je reviens à l'instant. J'étais parti m'amuser à surprendre mes collaborateurs en train de bien faire leur travail.

– Passez me voir quand vous aurez fini de vous entretenir avec Tom, dit le Manager Minute en conduisant le manager chevronné vers la porte.

– Je n'y manquerai pas, dit le vétéran. Merci du temps que vous m'avez consacré.

LORSQUE le manager chevronné arriva au bureau de Connelly, il se trouva en présence d'un homme d'une quarantaine d'années, élégamment habillé.

Connelly se leva, se présenta, et le vétéran aborda sans détour la question qui l'amenait :

– Votre chef me dit que vous pourriez me renseigner sur les 3 C du management.

– Je vais essayer, dit Connelly. Je vais commencer par vous donner ce résumé que nous utilisons pour que tout le monde se souvienne des 3 C.

Il tendit un tableau au manager chevronné.

Les 3 C du Management

Résumé

Les termes :

C	C	C
CONVENTION	COMPORTEMENT	CONSÉQUENCE

Ce qu'ils signifient :

Ce qu'un manager fait **avant** l'accomplissement d'une tâche	Ce que fait ou dit quelqu'un	Ce que fait le manager **après** l'accomplissement d'une tâche

Exemples :

Objectifs Minute — domaines de responsabilité — normes de productivité — instructions	— écrire des rapports — vendre des produits — arriver à l'heure — laisser passer un délai — taper des lettres — faire des erreurs — remplir un formulaire	**Félicitations Minute** — immédiates, spécifiques — sentiments partagés **Réprimandes Minute** — immédiates, spécifiques — sentiments partagés — soutien à l'individu **Pas de réaction**

Le manager chevronné lut le tableau très attentivement. Lorsqu'il eut fini de lire, il leva la tête, sourit et dit :

– Ainsi la fixation des Objectifs Minute est une convention ?

– Oui, dit Connelly. Une convention est comme une première mise au poker, elle permet d'ouvrir le jeu.

– Si la fixation des objectifs est une convention, dit le vétéran, on n'entre pas dans le jeu du management avant que les gens connaissent précisément leurs principaux domaines de responsabilité et savent à quoi ressemble un bon travail dans ces domaines (normes de productivité).

– C'est pourquoi la fixation des objectifs est la convention dont les managers doivent se souvenir avant tout, dit Connelly. C'est ce qui fait démarrer tout le processus du management.

– Cela m'a l'air logique, affirma le vétéran. Une fois que les conventions sont conclues, les gens sont prêts à accomplir leur travail.

– Certainement, dit Connelly. Et c'est ce travail que les managers doivent surveiller. Après que vous avez demandé à quelqu'un de faire quelque chose, ce que fait ou dit cette personne pour tenter d'accomplir la tâche demandée constitue sa productivité ou son comportement – le deuxième C des 3 C.

– Considère-t-on que ce que les gens pensent ou ressentent fait partie du comportement ? demanda le manager chevronné.

– Non, dit Connelly. Les pensées et les sentiments sont certes importants, car ils déterminent souvent les actions des gens, mais on ne considère pas qu'ils font partie du comportement parce qu'ils se tiennent sous le chapeau.

– En d'autres termes, intervint le vétéran, on ne les voit pas.

– C'est cela, dit Connelly. Dès que l'on pénètre dans le domaine des pensées et des sentiments, on s'expose aux complications et aux malentendus. Si l'on s'en tient au comportement, les choses sont plus claires parce que le comportement peut être observé et mesuré. Comme vous le voyez sur ce tableau, le comportement recouvre des choses aussi différentes qu'écrire un rapport, vendre un produit, arriver à l'heure au travail, laisser passer un délai de livraison, dactylographier une lettre, faire une erreur et remplir un formulaire de commande.

– D'après cette liste, il semble que le comportement puisse être désirable ou indésirable, commenta le manager chevronné.

– Exact, dit Connelly. Et la facilité avec laquelle on est capable de distinguer ces deux types de comportement dépend du processus de fixation des objectifs. Voyez-vous, si la fixation des Objectifs Minute est faite correctement, le résultat souhaité est exprimé en termes de comportement, c'est-à-dire qu'il peut être observé et mesuré. C'est important, parce que lorsque vous observez le comportement d'une personne, vous devez pouvoir déterminer s'il contribue à l'accomplissement de l'objectif (cette personne fait bien son travail) ou s'il entrave la réalisation de l'objectif (la personne fait mal son travail). Cela vous indique comment vous devez réagir, en tant que responsable de cette personne.

– Réagir ? dit le vétéran.

– La réaction appartient au domaine des conséquences, dit Connelly. Le troisième C, dans nos 3 C. C'est la réponse que donnent les managers à leurs collaborateurs lorsque ceux-ci accomplissent ou tentent d'accomplir une tâche. Les conséquences viennent après la réalisation d'un travail.

– A l'évidence, les Félicitations Minute et les Réprimandes Minute sont des conséquences, dit le manager chevronné.

– Les Félicitations Minute sont un exemple de conséquence ou de réaction positive, dit Connelly, alors que des Réprimandes Minute sont un exemple de réaction négative. Qu'elle soit positive ou négative, la conséquence doit être appropriée.

– Appropriée ? s'étonna le vétéran.

– Si vous voulez qu'une personne cesse de faire quelque chose, donnez-lui une réaction négative telle que des Réprimandes Minute, dit Connelly. Mais si vous voulez qu'elle continue à travailler de la même façon, fasse des progrès ou apprenne quelque chose de nouveau, donnez-lui une réaction positive telle que des Félicitations Minute.

– Je trouve qu'il n'est pas toujours facile d'utiliser de façon appropriée les félicitations et les réprimandes, dit le manager chevronné.

– C'est vrai, répondit Connelly. L'un des problèmes, c'est que de nombreux managers semblent féliciter ou réprimander leurs collaborateurs en fonction de leur humeur du jour, indépendamment des résultats obtenus. S'ils sont de bonne humeur, ils encouragent tout le monde, et s'ils sont de mauvaise humeur, ils se déchaînent contre tout le monde.

– J'imagine que si les managers se comportent ainsi – utilisant félicitations et réprimandes à tort et à travers – leur crédibilité est bientôt anéantie, dit le vétéran.

– Vous avez raison, commenta Connelly. Cela me rappelle l'histoire de l'aveugle qui marche dans la rue avec son chien-guide. Ils arrivent à un carrefour et tandis qu'ils attendent que le feu passe au vert, le chien lève la patte et urine sur le pantalon de l'aveugle. A ce moment-là, l'aveugle sort de sa poche un sucre. Il se penche et fait mine de donner le sucre au chien. Un passant qui a observé toute la scène ne peut plus se contenir et s'approche de l'aveugle en disant : « Monsieur, cela ne me regarde probablement pas, mais j'ai remarqué que votre chien s'était soulagé sur votre pantalon et vous allez lui donner un sucre. Pensez-vous que c'est vraiment une bonne idée ? » L'aveugle sourit et dit : « Je ne vais pas donner ce sucre à mon chien. J'essaie seulement de savoir où se trouve sa tête pour lui donner un coup de pied dans le derrière. »

– C'est excellent, dit en riant le vétéran. Lorsque les gens s'aperçoivent qu'un manager n'est pas crédible, ils sont désorientés. Si l'aveugle offrait un sucre à son chien pour un comportement inapproprié tel que celui-ci et le disputait alors qu'il n'a rien fait de mal, le chien serait bientôt désorienté et ne saurait plus que faire. J'ai déjà vu une telle confusion dans des entreprises. Je dois donc m'assurer que je comprends bien l'utilisation des conséquences.

– C'est une bonne idée, dit Connelly.

– Comme je l'ai dit au Manager Minute, poursuivit le manager chevronné, mon problème est de savoir quand réprimander et quand fixer des objectifs, plutôt que de distinguer entre réprimandes et félicitations. Avez-vous des suggestions ?

– Oui, dit Connelly. Souvenez-vous que vous ne pouvez réprimander de façon efficace que les gagnants, parce que vous pouvez alors terminer votre réaction négative par un compliment tel que : « Vous êtes l'un de nos meilleurs éléments ; ce dernier résultat ne vous ressemble pas du tout. » Vous ne pouvez pas faire ça avec des gens qui apprennent le travail et n'ont donc pas d'antécédents de bons résultats derrière eux.

– Alors que faites-vous lorsque les gens qui apprennent font des erreurs ? demanda le vétéran.

– Je reviens à la fixation des objectifs et je refais une première mise. On peut résumer cela ainsi, dit Connelly en écrivant sur son bloc :

Quand fixer à nouveau des objectifs et quand réprimander

Si une personne :	
NE PEUT PAS faire quelque chose *(problème de formation)* →	Revenir à la fixation des objectifs

Si une personne :	
NE VEUT PAS faire quelque chose *(problème d'attitude)* →	Réprimander

– Cela m'aide bien, dit le vétéran. Donc on ne réprimande jamais ceux qui apprennent.

– Non, dit Connelly, sinon vous les immobilisez et les rendez encore moins sûrs d'eux.

– Les réprimandes ne servent donc pas à enseigner des compétences, observa le manager chevronné. Elles ne servent qu'à changer des attitudes, à inciter les gens compétents à utiliser leurs capacités.

– Précisément, dit Connelly. Lorsque vous êtes revenu à la fixation des objectifs avec une personne que vous formez, ne l'abandonnez pas à elle-même. Observez à nouveau son travail, puis félicitez-la pour les progrès accomplis, ou revenez encore une fois à la fixation des objectifs.

– Il me semble, d'après ce que vous me dites, commenta le vétéran, qu'une bonne formation comporte cinq étapes :

1. **Dire** (ce qu'il faut faire)
2. **Montrer** (comment faire)

Puis :

3. **Laisser** la personne **essayer**
4. **Observer** les résultats

Et :

5. **Féliciter** pour les progrès accomplis
   ou
   Réorienter

– Vous avez bien compris, dit Connelly. C'est une bonne façon de résumer le processus de formation.

– Que se passe-t-il lorsqu'on réoriente quelqu'un constamment et que cette personne ne fait aucun progrès ? demanda le vétéran.

– Alors vous lui parlez de plan de carrière, dit Connelly en riant. En d'autres termes, il se pourrait que cette personne ne soit pas à sa place.

– Etant donné l'importance de la réorientation dans la formation, dit le vétéran, pourquoi cet élément ne fait-il pas partie des conséquences dans les 3 C ?

– C'est une bonne question, dit Connelly. J'avais remarqué que vous étiez perspicace. La réorientation constitue assurément une suite du comportement. Mais je n'y avais jamais pensé en tant que conséquence. Il va falloir l'ajouter.

– Mais je vois sur le tableau, dit le vétéran, que « Pas de réaction » fait partie de la liste des conséquences.

– C'est la réaction préférée des managers, dit Connelly. Bien souvent, les managers se contentent d'ignorer les résultats obtenus par leurs collaborateurs, et cela ne marche pas.

– Que voulez-vous dire ? demanda le manager chevronné.

– Que se passerait-il si vous n'obteniez aucune réaction après avoir accompli une tâche, demanda Connelly, si votre chef ne disait rien et ne faisait rien ?

– Au début, je ferais encore plus d'efforts, dit le vétéran. Je me dirais : « Si je travaille encore mieux, mon chef le remarquera peut-être. »

– Et si votre chef continue à ne pas remarquer vos efforts ni réagir ? demanda Connelly.

– Au bout d'un certain temps, je commencerais à prendre mon temps, dit en souriant le vétéran, gagné par l'humour que le Manager Minute et ses collaborateurs semblaient apprécier. Puisque personne ne semble se soucier de savoir si je fais ou non mon travail, pourquoi me tuer à la tâche ?

– A moins que vous ne fassiez un travail qui vous motive en lui-même, dit Connelly.

– Si cela se produisait, on ne saurait plus distinguer la différence entre le travail et les loisirs, dit le manager chevronné.

– C'est un point de vue intéressant, dit Connelly. Si votre travail consiste en une activité qui vous plaît, vous continuerez à bien le faire, même si personne ne le remarque ni vous encourage. Mais, de manière générale, l'absence de réaction à la suite d'un bon résultat, c'est-à-dire une conséquence négative, a tendance à diminuer les chances que ce bon résultat se renouvelle.

– Voyons si j'ai bien compris, dit le manager chevronné en montrant ses notes à Connelly :

★

Seules

les conséquences positives

favorisent

le renouvellement des bons résultats

★

– C'est bien l'idée générale, dit Connelly ; et pourtant, quelle est la réaction dont les managers font le plus souvent preuve à l'égard des résultats de leurs collaborateurs ?

– Une réaction négative ou pas de réaction du tout, dit le vétéran. Comme nous le savons tous les deux, la méthode de gestion la plus courante semble être la suivante : quand les gens font bien leur travail, leurs responsables ne font rien. Quand ils commettent une erreur, leurs responsables les « attrapent ».

– C'est la vieille technique du « laisser faire/frapper fort », dit Connelly en souriant. Ce n'est pas une façon très efficace de motiver les gens.

– Mais c'est une habitude très facile à prendre, dit le manager chevronné. Cela m'est déjà arrivé. Je vois maintenant que si je veux bien diriger mes collaborateurs, je ferais mieux d'apprendre à gérer les conséquences.

– C'est une leçon importante à retenir, dit Connelly. La plupart des gens pensent que les conventions de départ ont plus d'influence sur les résultats que n'en ont les conséquences. Pourtant, seuls 15 à 25 % des facteurs qui influent sur les résultats sont des conventions telles que la fixation des objectifs, alors que 75 à 85 % sont des conséquences telles que félicitations et réprimandes.

– Voulez-vous dire que ce qui se passe après le résultat a plus d'impact que ce qui se passe avant que la personne accomplisse sa tâche ? demanda d'un air sceptique le vétéran.

– C'est bien ça, dit Connelly. Les résultats sont déterminés essentiellement par les conséquences. C'est pourquoi le Manager Minute insiste tant sur l'importance du suivi. Nous estimons qu'il faut passer dix fois plus de temps à assurer le suivi de la formation des cadres qu'on n'en passe à préparer et réaliser un programme initial. Sinon, les gens reviennent très rapidement à leur ancien comportement.

– Oui, mais si vous ne précisez pas les objectifs, il y a peu de chances que les gens fassent exactement ce que vous vouliez qu'ils fassent, interrompit le manager chevronné.

– Exact, dit Connelly. Mais vous pouvez toujours vous évertuer à fixer des objectifs ; si vous ne gérez pas les conséquences – féliciter en cas de bons résultats et réprimander en cas de mauvais résultats – les choses ne feront que bien commencer et n'assureront au manager qu'une réussite à court terme. En d'autres termes, les managers obtiendront les résultats qu'ils souhaitent seulement lorsqu'ils sont là, mais lorsqu'ils ne sont pas présents, les gens adopteront ou n'adopteront pas le comportement souhaité. Nous avons une maxime qui souligne l'importance de la gestion des conséquences, dit Connelly en désignant un écriteau suspendu au mur.

★

Pour un manager,
l'important n'est pas
ce qui se passe quand il est là,
mais ce qui se passe
quand il n'est pas là

★

– C'est tellement vrai ! dit le vétéran. J'obtiens toujours les résultats que je veux quand je suis là, auprès des gens, même avec mes enfants à la maison. Mais je ne suis pas là tout le temps. En fait, je pense que je passe autant de temps, sinon plus, à travailler avec mes collègues (au même niveau hiérarchique) et avec mon chef, qu'avec mes subordonnés.

– Ainsi, vous pouvez réellement savoir si vous êtes un bon manager, dit Connelly, en jugeant ce qui se passe quand vous n'êtes pas là, plutôt que quand vous êtes là. Et la facilité avec laquelle vous obtiendrez de bons résultats de vos subordonnés, même quand vous n'êtes pas là, dépend de l'efficacité avec laquelle vous présentez les conséquences lorsque vous êtes là – félicitations et réprimandes.

– Je comprends bien maintenant, dit le manager chevronné, à quoi vous pensiez quand vous disiez que les conventions de départ étaient importantes pour amorcer de bons résultats – faire les choses bien dès la première fois – mais ce qui détermine et influence réellement le renouvellement des résultats souhaités en votre absence, c'est ce qui se passe après le premier essai. L'approche « laisser faire/frapper fort » ne fait que frustrer et aliéner les gens.

– La raison pour laquelle nous apprenons les 3 C à nos cadres, dit Connelly, est que nous voulons nous assurer qu'ils utilisent la fixation des Objectifs Minute, les Félicitations Minute et les Réprimandes Minute dans le bon ordre. C'est un guide de conduite.

– Vous m'avez réellement montré comment transformer les secrets en compétences, dit le vétéran. Je pense que je n'oublierai plus jamais quand faire quoi. Mais permettez-moi de vous poser encore une question. Vous avez montré combien il était important de fixer les objectifs correctement et clairement, puis de donner des Félicitations Minute en cas de bons résultats. Mais je ne me souviens plus très bien comment utiliser efficacement les Réprimandes Minute. Pourriez-vous me rappeler les applications positives des réprimandes ?

– Vous pourriez en parler au Manager Minute, dit Connelly. Il adore enseigner ce secret et, de plus, il pourrait répondre aussi à vos questions sur la fixation des objectifs et les félicitations.

– C'est une bonne idée, répondit le manager chevronné. Je vous ai certainement déjà pris assez de temps.

– Ce n'est pas grave, dit Connelly. C'était un plaisir. De plus, le fait d'apprendre les 3 C m'a permis de libérer une plus grande partie de mon temps.

– J'espère qu'il en sera de même pour moi, dit le vétéran.

LORSQUE le manager chevronné quitta le bureau de Connelly, ses pensées se bousculaient dans sa tête. Connelly l'avait bien aidé. Quand il s'approcha du bureau du Manager Minute, la secrétaire souriait :

– Votre réunion avec Tom Connelly s'est-elle bien passée ? demanda-t-elle.

– Très bien, répondit le vétéran en souriant à son tour. Pourrais-je voir le patron ?

– Entrez donc, dit-elle. Il se demandait si vous alliez revenir.

En entrant dans le bureau, le manager chevronné trouva le Manager Minute posté devant sa fenêtre préférée. Il se retourna en entendant entrer le vétéran.

– Vous êtes resté longtemps avec Connelly. Vous avez dû bien vous entendre, tous les deux, dit-il.

– Il m'a beaucoup aidé, dit le vétéran. Mais je me pose des questions sur l'utilisation des réprimandes, poursuivit-il. En m'expliquant les 3 C, Connelly a semblé attacher beaucoup d'importance aux félicitations, mais peu aux réprimandes. Je sais pourtant que vous jugez indispensable d'annoncer aussi les mauvaises nouvelles. J'ai peut-être simplement besoin de réorientation.

– La meilleure manière de répondre à vos préoccupations concernant les réprimandes, dit le Manager Minute, est de commencer par vous parler de la gestion des gagnants – les gens qui ont des antécédents de réussite. Les gagnants sont faciles à superviser. Tout ce que vous avez à faire, c'est ouvrir le jeu en fixant des Objectifs Minute et les voilà partis.

– Cela correspond à mon expérience, dit le vétéran. Tout le monde aime bien entendre quelques mots d'encouragement de temps en temps, mais il n'est pas nécessaire de beaucoup féliciter les gagnants. Ils s'en chargent généralement eux-mêmes. S'il n'est pas nécessaire de beaucoup les féliciter, il ne doit pas falloir les réprimander très souvent non plus, n'est-ce pas ?

– Non, dit le Manager Minute. Les gens productifs se corrigent généralement eux-mêmes. S'ils font une erreur, ils la réparent avant qu'on s'en aperçoive.

– Mais tout le monde commet parfois des erreurs sans s'en apercevoir, affirma le manager chevronné.

– C'est là qu'il faut peut-être employer les réprimandes, dit le Manager Minute. Cependant, s'ils connaissent les trois secrets, les gagnants ne s'en offensent pas, étant donné la façon dont vous présentez ces réprimandes.

– Vous parlez sans doute de terminer les réprimandes par un compliment, commenta le vétéran.

– Précisément, dit le Manager Minute.

– Connelly m'a expliqué pourquoi il ne faut pas réprimander quelqu'un qui en est au stade de l'apprentissage, mais je ne comprends toujours pas très bien pourquoi vous complimentez la personne à la fin des réprimandes, dit le manager chevronné.

– Souvenez-vous : on ne réprimande quelqu'un que lorsqu'on sait que cette personne peut faire mieux, lui rappela le Manager Minute. Lorsque vous quittez une personne que vous venez de réprimander, vous voulez qu'elle réfléchisse à son erreur, et non à la façon dont vous l'avez traitée.

– Je ne comprends pas, dit le vétéran d'un air hésitant.

– VOYONS si je peux l'expliquer de la façon suivante, dit le Manager Minute. La plupart des gens non seulement ne terminent pas leurs réprimandes sur un compliment, mais ils finissent par une salve d'adieu : « Si vous espériez une promotion, vous allez devoir y réfléchir à deux fois. » Lorsque vous quittez cette personne, surtout si des collègues se trouvent à portée de voix, à votre avis de quoi vont parler les gens ? De la façon dont vous avez traité la personne que vous réprimandiez ou de ce qu'elle avait fait de mal ?

– De la façon dont cette personne a été traitée, dit le vétéran.

– Précisément, dit le Manager Minute. Ils vont dire que vous êtes un goujat. Et pourtant cette personne a fait une erreur. Si vous terminez vos réprimandes par un compliment, cela signifiera : « J'apprécie votre personne mais pas votre comportement. » Quand vous partirez, cette personne réfléchira à son erreur. Si, pour une raison ou une autre, elle tente de vous dénigrer aux yeux de ses collègues, ils l'arrêteront en disant : « Pourquoi t'énerves-tu comme ça ? Il a dit que tu étais l'un des meilleurs éléments. Il ne veut pas que tu renouvelles cette erreur, c'est tout. »

– Je pense comprendre maintenant pourquoi il faut terminer les réprimandes par un compliment, dit le manager chevronné. Voyons si ce commentaire résume bien la situation.

Il montra ses notes au Manager Minute :

★

Si vous terminez les réprimandes

par un compliment,

les gens penseront

à leur *comportement,*

pas au vôtre

★

– C'est bien dit ! s'exclama le Manager Minute. Cela me rappelle une expérience personnelle qui corrobore cette maxime. Un vendredi soir, ma femme me dit :

« – Dis donc, toi qui sais gérer les hommes...

« Quand elle dit cela, je sais que nos enfants ont fait quelque chose de mal et que je vais devoir m'occuper du problème. Elle venait d'attraper Karen (notre fille de quinze ans) en train de sortir furtivement de la maison, emportant une bouteille de vodka au match de football.

« – Je crois que je vais l'étrangler, dit ma femme. Pourrais-tu prendre le relais ?

« J'éprouve beaucoup de respect pour les parents célibataires parce qu'ils n'ont personne sur qui rejeter ce genre de problèmes. Nous avons toujours appliqué la stratégie suivante : si l'un de nous perd son sang-froid, il lance la balle à l'autre.

« Je venais d'apprendre à utiliser les réprimandes, alors j'ai pensé que ce serait une bonne occasion de voir si cela fonctionnait. J'ai demandé à ma femme où était Karen.

« – Dans la cuisine, m'a-t-elle répondu.

« Je suis donc allé directement dans la cuisine, où j'ai trouvé Karen qui arborait la mine de quelqu'un qui va être envoyé aux oubliettes. Je me suis approché et j'ai posé une main amicale sur son épaule. Je lui ai dit :

« – Karen, ta mère me dit qu'elle vient de te voir sortir de la maison avec une bouteille de vodka. Laisse-moi te dire ce que j'en pense. Je n'arrive pas à y croire. Combien de fois t'ai-je déjà dit que les accidents sont souvent provoqués par des jeunes qui conduisent en état d'ivresse ? Et franchement, se promener avec une bouteille de vodka...

« Je savais qu'une des règles d'or des réprimandes est que l'on n'a que trente secondes pour communiquer ses sentiments.

– Je parie qu'il vous aurait fallu deux heures, dit le vétéran.

– Bien sûr, dit en riant le Manager Minute. Certains parents y passent tout le week-end. L'adolescent fait quelque chose de mal le vendredi soir, et les parents y reviennent pendant tout le week-end. Une demi-heure plus tard, ils revoient leur enfant et lui disent : « Je vais te dire encore quelque chose... » Et ils le voient le lendemain matin et lui disent : « Je vais aussi te dire ce que je pense de tes amis... » Et ils passent tout le week-end à rendre cet adolescent malheureux à cause d'une seule bêtise.

« Une règle d'or des réprimandes, c'est que l'on n'a que trente secondes pour faire part de ses sentiments, et quand c'est fini, c'est fini. Il ne faut pas s'acharner sur la personne à propos de la même erreur.

« Sachant tout cela, j'ai dû m'arrêter brutalement de communiquer mes sentiments à Karen. C'est à ce point que je me suis aperçu combien il était important d'observer un instant de silence après avoir communiqué ses sentiments et avant d'entamer la dernière partie des réprimandes. Cela permet de se calmer et la personne que l'on réprimande peut ainsi ressentir l'intensité des sentiments exprimés. Alors j'ai pris mon souffle pendant que Karen encaissait le coup et je lui ai dit :

« – Laisse-moi te dire encore une chose, Karen. Je t'aime. Tu es une personne très responsable. Normalement, ta mère et moi ne nous faisons pas de souci pour toi. Cette histoire ne te ressemble pas. Tu vaux mieux que ça. C'est pourquoi ta mère et moi n'allons pas accepter ce genre de comportement.

« Puis je l'ai embrassée et je lui ai dit :

« – Maintenant tu peux aller voir le match, mais souviens-toi : tu vaux mieux que ça.

– Je ne sais pas si je l'aurais laissée partir après un tel épisode, dit le vétéran. Je suis sûr qu'elle n'arrivait pas à y croire elle-même.

– Elle n'en croyait pas ses oreilles, confirma le Manager Minute. Mais je lui ai dit :

« – Maintenant, tu sais ce que je pense des jeunes qui boivent de l'alcool en cachette. Je sais que tu ne vas pas recommencer, alors amuse-toi bien.

« Par le passé, avant que je connaisse les Réprimandes Minute, non seulement je n'aurais pas terminé mes réprimandes par un compliment, mais je l'aurais envoyée dans sa chambre en criant : tu n'iras plus à un match de football avant d'avoir vingt-cinq ans.

« Or, si je l'avais envoyée dans sa chambre, que croyez-vous qu'elle aurait pensé ? Aurait-elle réfléchi à ce qu'elle avait fait de mal ou à la façon dont je l'avais traitée ? demanda le Manager Minute.

– A la façon dont vous l'aviez traitée, répondit le vétéran. Je parie qu'elle se serait emparée du téléphone pour raconter à ses amis quel monstre vous étiez. Les adolescents adorent partager leurs histoires de parents.

– Absolument, dit le Manager Minute. Et son esprit aurait été détourné de ce qu'elle avait fait de mal, puisque toute son attention aurait été centrée sur la façon dont je l'avais traitée.

– Et alors, que s'est-il passé ? demanda le vétéran, qui avait l'impression de vivre un roman-feuilleton.

– Le lendemain matin, poursuivit le Manager Minute, je prenais mon petit déjeuner quand Karen est descendue de sa chambre. Curieux de connaître le résultat de mes réprimandes, je lui ai demandé :

« Karen, que penses-tu de la façon dont j'ai traité l'incident de la vodka, hier soir ?

« – Je l'ai détestée, a-t-elle répondu. Tu m'as gâché le match de football.

« Je t'ai gâché le match ?

« – Oui, a-t-elle dit. Parce que pendant tout le match, j'ai pensé à ce que j'avais fait et à la déception que je vous avais causée.

« J'ai souri en mon for intérieur et je me suis dit : Ça a marché ! Ça a vraiment marché. Elle s'est concentrée sur ce qu'elle avait fait de mal et non sur la façon dont je l'avais traitée.

– C'est un exemple très clair et très utile, dit le manager chevronné. Je pense avoir compris cet aspect des réprimandes, mais j'aimerais vous poser encore quelques questions à propos des Réprimandes Minute.

– Allez-y, dit le Manager Minute. La plupart des questions que l'on nous pose au sujet du Management Minute concernent les réprimandes.

– Que se passe-t-il si la personne que vous réprimandez – Karen, par exemple – commence à se disputer avec vous ? demanda le vétéran.

– Vous cessez immédiatement votre exposé, dit le Manager Minute, et vous expliquez clairement qu'il ne s'agit pas d'une discussion : Je vous fais part de mes sentiments à propos de ce que vous avez fait, et si vous voulez en discuter plus tard, d'accord. Mais pour l'instant, il ne s'agit pas d'un dialogue. C'est moi qui vous dis ce que je ressens.

– D'accord, dit le vétéran. Autre chose : je comprends qu'il faille complimenter la personne à la fin des réprimandes, mais pourquoi ne pas commencer les réprimandes par un compliment ? Quand je faisais des réprimandes, jusqu'à maintenant, j'adoptais l'approche « sandwich » : compliment, remontrances, compliment.

– Je connais bien ce style, dit le Manager Minute, mais j'ai appris qu'il était très important de maintenir une distinction entre félicitations et réprimandes. Si vous commencez vos réprimandes par un compliment, vous altérez l'impact de vos félicitations.

– Pourquoi ? demanda le vétéran.

– Quand vous irez voir une personne pour la féliciter, dit le Manager Minute, elle n'écoutera pas vos félicitations parce qu'elle s'attendra à voir apparaître l'autre face de la médaille : elle se demandera quelles mauvaises nouvelles vont suivre les bonnes.

– Donc, en maintenant un ordre clair entre félicitations et réprimandes, on permet aux gens d'entendre les deux plus distinctement, résuma le vétéran. Et les punitions plus tangibles, telles que rétrogradation, mutation ou autre pénalité ? Sont-elles parfois appropriées ?

– L'expérience que nous avons acquise dans les Réprimandes Minute, dit le Manager Minute, nous laisse penser qu'il est inutile d'ajouter des pénalités supplémentaires. C'est une expérience assez pénible en elle-même.

– L'histoire de Karen l'a parfaitement illustré, dit le manager chevronné. Je pense que vous avez répondu à toutes les questions que je me posais à propos des réprimandes. En outre, je vois maintenant comment les 3 C peuvent aider les managers à mettre en pratique leur connaissance du Management Minute. Mais comment peut-on intégrer le Management Minute à un programme global d'amélioration de la productivité dans l'entreprise ?

– Il faut manier LEPEE, dit en souriant le Manager Minute.

– Qu'est-ce que LEPEE ? demanda le vétéran.

– La méthode LEPEE prolonge les 3 C en offrant aux managers cinq étapes faciles à suivre et auxquelles tout le monde peut participer pour améliorer les résultats.

– Cela m'a l'air extrêmement intéressant, dit le vétéran, mais j'ai déjà la tête pleine de tout ce que j'ai appris aujourd'hui.

– Pourquoi ne passeriez-vous pas la nuit dans un hôtel de la région, et nous nous retrouverions demain matin à neuf heures ? Ma secrétaire va vous réserver une chambre à l'hôtel *Osborn*. Le directeur de cet hôtel est enthousiasmé par le Management Minute et il a mis en place un programme de félicitations destiné à surprendre ses employés en train de bien faire leur travail. Je pense que cela vous intéressera.

– En effet, ça m'intéresse, dit le vétéran.

LORSQUE le manager chevronné arriva à l'hôtel, il se dirigea immédiatement vers la réception. Tandis qu'il remplissait les formulaires d'usage, la réceptionniste lui dit :

– Nos clients sont importants. Pourrais-je vous demander de nous rendre un service, pendant votre séjour ici ?

– Bien sûr, dit le vétéran. De quoi s'agit-il ?

– Voudriez-vous prendre ce carnet de « tickets de félicitations » (1) ? Si l'un de nos employés se comporte avec vous d'une manière que vous appréciez, nous vous demandons de détacher l'un de ces tickets, d'écrire au dos le service particulier rendu par l'employé ainsi que son nom, et de le remettre au bureau du directeur.

– Ainsi tous vos clients surprennent vos employés à bien faire leur travail, s'exclama en riant le vétéran. Je parie qu'il y a des félicitations pour chaque ticket remis au directeur.

– Vous avez lu le livre ! dit la réceptionniste.

– En effet. Votre hôtel semble vraiment appliquer sérieusement le Management Minute, dit le vétéran.

– C'est un système fantastique ! répondit avec enthousiasme la réceptionniste. Je vous souhaite une bonne soirée.

(1) Drew Dimond, ancien responsable de district chez Holiday Inns, Inc., à Nashville (Tennessee), s'est enthousiasmé pour *Le Manager Minute* et a décidé de mettre en œuvre un système de tickets de félicitations dans l'un de ses hôtels. Gary Wood, le directeur de l'hôtel, s'est prêté au jeu. Les résultats décrits ici sont similaires à ceux qui ont été observés dans cet Holiday Inn.

Après avoir dîné tôt, le vétéran se retira dans sa chambre pour s'y reposer. Il était stupéfait du bon traitement que lui avaient réservé tous les employés de l'hôtel. Il avait déjà donné trois tickets : au groom, à la serveuse du restaurant et au maître d'hôtel. Le fait d'essayer de surprendre les employés en train de bien faire leur travail avait entièrement modifié son attitude vis-à-vis de cet hôtel. Grâce aux tickets de félicitations, sa fonction en tant que client n'était pas de se plaindre mais de féliciter.

Le lendemain matin, le manager chevronné prépara ses bagages et descendit prendre son petit déjeuner, après quoi il régla les formalités de départ. Avant de quitter l'hôtel, il s'arrêta au bureau du directeur pour remettre ses tickets de félicitations. Le directeur se trouvait justement là.

En remettant ses tickets, le manager chevronné dit :

– Je trouve que ce programme de félicitations est une fameuse idée. C'est une manière très concrète de mettre le Management Minute en pratique. Le programme a-t-il influé de façon très tangible sur les résultats ?

– Le système n'est en place que depuis cinq mois environ, dit le directeur de l'hôtel, mais nous avons déjà enregistré une baisse significative de l'absentéisme et de la rotation du personnel. Nos employés sont maintenant impatients de venir travailler parce qu'ils ont envie de voir s'ils peuvent se laisser surprendre à bien faire leur travail. Et nous n'avons octroyé aucun avantage financier en rapport avec les tickets – simplement quelques mots d'encouragement pour un travail bien fait.

– Pensez-vous que ce programme a aussi modifié l'attitude des clients ? demanda le vétéran.

– Absolument, dit le directeur de l'hôtel. C'est dans les « notes de satisfaction » mises par les clients que l'amélioration a été la plus marquée. Nous demandons à nos clients de noter l'hôtel sur une échelle allant de A à F, sur des points tels que rapport qualité/prix, aspect, service et amabilité. Avant l'existence de ce programme, moins de 75 % des clients qui remplissaient les formulaires donnaient une note A ou B à l'hôtel. Au bout de cinq mois d'application du programme, 90 % des notes recueillies sont en moyenne des A ou des B, et nous obtenons trois fois plus de réponses qu'avant.

– Vos tickets de félicitations sont donc très rentables pour vous, vos clients et vos employés, dit le manager chevronné.

– Oui, dit le directeur de l'hôtel. L'application pratique du Management Minute est un investissement qui donne un bon rendement.

Tandis que le manager chevronné serrait la main du directeur de l'hôtel, il sourit et dit :

– Mon séjour ici a été très profitable pour moi aussi !

LORSQUE le vétéran arriva au bureau du Manager Minute, il le trouva dans sa position habituelle près de la fenêtre. Sentant la présence du manager chevronné près de la porte, il se retourna, le salua d'une poignée de main amicale et l'invita à s'asseoir à la table de conférence.

– Alors, avez-vous apprécié votre séjour à l'hôtel *Osborn* ? demanda le Manager Minute en s'asseyant.

– Mais certainement, répondit le vétéran, et vous aviez raison : c'était une expérience intéressante !

– Je voulais que vous observiez une expérience d'application du Management Minute avant que nous discutions aujourd'hui, lui confia le Manager Minute. Je pensais que cela vous aiderait à comprendre la méthode LEPEE.

Tout en écoutant le Manager Minute, le vétéran remarqua un nouvel écriteau sur son bureau. On y lisait :

★

Ne vous contentez pas
de faire quelque chose –
prenez le temps d'y réfléchir

★

Le manager chevronné sourit parce qu'il savait que le rythme généralement frénétique et inefficace de la plupart des organisations exigeait bien souvent le contraire.

– Ce sont mes principaux collaborateurs qui me l'ont offert, dit le Manager Minute, voyant que le vétéran observait le panonceau. Ils pensaient que cette maxime symbolisait l'importance de la fixation des objectifs en vue d'éviter le « piège de l'activité ».

– Le piège de l'activité ? demanda le vétéran.

– C'est lorsque les gens se démènent pour bien faire les choses, sans avoir pris le temps de réfléchir à ce qu'il fallait faire.

– En parlant de bien faire les choses, dit le vétéran, quelle est pour moi la meilleure manière d'apprendre la méthode LEPEE ?

– Vous pourriez vous entretenir avec Alice Smith, suggéra le Manager Minute. Elle est l'un de nos managers les plus créatifs. Elle nous a aidés à élaborer la méthode LEPEE. Depuis qu'elle a pris en charge notre service commercial, les ventes sont montées en flèche.

Tandis que le Manager Minute téléphonait à Alice Smith, le manager chevronné souriait en son for intérieur. Il se disait : « Une chose est sûre : ils ont vraiment éliminé tout aspect mystique de la gestion des ressources humaines. Je parie que la méthode LEPEE est en fait une arme très simple mais très efficace. »

– Bon, Alice est prête à vous recevoir, dit le Manager Minute. Vous pouvez aller la trouver dès maintenant. Son bureau se trouve dans le même bâtiment que celui de Connelly, mais au deuxième étage.

LORSQUE le manager chevronné arriva au bureau d'Alice Smith, il la trouva en train de travailler tranquillement. Il pensa : « Enfin un Manager Minute qui semble travailler. »

Elle sourit lorsqu'il entra :

– Ainsi vous voulez apprendre à manier LEPEE, dit-elle en invitant le vétéran à s'asseoir.

– Eh bien oui, répondit le vétéran. Je suis impatient de commencer.

– C'est important parce que la méthode LEPEE représente en quelque sorte les écrous et les boulons qui permettent d'assembler concrètement le Management Minute et d'améliorer au jour le jour les résultats obtenus ainsi que la satisfaction dans le travail. Mais soyez attentif, parce que maintenant nous allons prendre les trois compétences de base et les transformer en cinq étapes importantes.

Alice Smith se dirigea vers le petit tableau qui se trouvait derrière son bureau et écrivit :

Localisation Enregistrement Participation Entraînement Evaluation

– LA LOCALISATION est le processus qui consiste à définir, en termes observables et mesurables, les principales zones de prestations, commença Alice Smith. Pour l'essentiel, ce sont les domaines dans lesquels on pourrait fixer des Objectifs Minute.

– Supposons que je vous dise que mon équipe de travail me pose des problèmes, dit le manager chevronné, et que je souhaite réactiver la notion d'engagement chez mes collaborateurs. Suis-je assez précis ?

– Non, dit Alice Smith. On ne peut pas améliorer le moral, les mauvaises attitudes, la paresse ou de tels comportements sans disposer de plus amples informations.

– N'est-il pas important d'aborder les problèmes de moral dans les organisations ? demanda le vétéran.

– Si, bien sûr, mais il faudrait préciser ce que vous voulez dire quand vous affirmez que le moral est bas, expliqua Mme Alice Smith. Est-ce que les gens arrivent tard à leur travail, les défauts de qualité sont-ils fréquents, ou les gens se disputent-ils au travail ? Qu'est-ce que cela veut dire, que le moral est bas ?

– Il faut donc que les managers cessent de dire que les choses sont bien ou mal, dit le vétéran, et qu'ils identifient spécifiquement ce qui se passe.

– C'est le but de la première étape, dit Alice Smith, ravie de voir que le manager chevronné comprenait vite. Il s'agit de cerner les domaines que l'on va mesurer et de définir la façon dont on va les mesurer – par exemple en termes de quantité, de qualité, de coûts (budgétaires ou non) ou de délais.

– Où tout cela nous amène-t-il ? interrompit le vétéran.

DIRECTEMENT à l'étape ENREGISTREMENT, répondit Alice Smith. Une fois que l'on a identifié un domaine susceptible d'amélioration ou fixé un Objectif Minute, il faut pouvoir mesurer les résultats actuels et enregistrer les progrès accomplis dans ce domaine. Vous noterez que je parle de domaines à améliorer et non de problèmes à résoudre. Les gens ont du mal à admettre qu'il existe des problèmes, mais tout le monde connaît un domaine qu'il aimerait améliorer.

– Cela signifie que l'on recueille des données réelles sur la fréquence des retards, la fréquence des rejets de produits dus à des défauts de qualité, ou autre ? demanda le vétéran.

– C'est exact, dit Alice Smith. Il faut supprimer l'aspect devinette dans l'amélioration du rendement.

– Et si quelqu'un vous dit : « On ne peut pas mesurer le rendement, dans mon poste ! » ? demanda le manager chevronné.

– Lorsque quelqu'un nous dit cela, répondit Alice Smith, nous suggérons qu'il conviendrait peut-être d'éliminer ce poste pour voir si on y perd quelque chose. C'est incroyable à quel point la personne s'efforce soudain de trouver un moyen d'identifier des objectifs et de mesurer le rendement de son travail.

– Pourriez-vous me donner un exemple, dit le vétéran, d'un domaine dont vous avez amélioré le rendement grâce à la méthode LEPEE ?

– Oui, dit Alice Smith. Lorsque j'ai pris la direction de ce service, l'ancien directeur commercial m'a dit :

« – Il faudrait améliorer le contact téléphonique, dans ce service. Les vendeurs ne prennent jamais rendez-vous par téléphone avec les clients. Ils croient qu'ils doivent être sans cesse sur les routes. Lorsqu'ils arrivent chez le client, il est souvent parti pour la matinée, ou il est occupé et ne veut pas être dérangé. Ils doivent attendre pour le voir, de sorte qu'ils finissent par passer leur temps au café. S'ils prenaient rendez-vous, ils accompliraient deux fois plus de travail en moitié moins de temps.

« Je lui ai demandé :

« – Comment savez-vous que ce sont les contacts téléphoniques qu'il faut améliorer ?

« – J'ai simplement l'impression que tout le problème vient de là, a-t-il répondu. Cela a toujours été un problème dans cette entreprise.

« Puis je lui ai demandé :

« – Avez-vous compté ? Peut-on connaître exactement le nombre d'appels téléphoniques passés par les vendeurs ?

« – Eh bien, a-t-il dit, je pourrais vérifier leur relevé de téléphone. Chaque vendeur doit conserver près de son téléphone un relevé quotidien des appels passés.

« Lorsque j'ai réellement fait le compte, dit Alice Smith, il s'est avéré que la prise de rendez-vous par téléphone n'était pas un problème critique pour tout le monde. En fait, seuls trois vendeurs étaient déficients dans ce domaine. »

– Le fait d'enregistrer ou de mesurer les résultats, dit le vétéran, est une manière de s'assurer qu'il existe réellement un besoin d'amélioration, et que ce n'est pas simplement une impression. On veut éviter de réparer ce qui n'est pas cassé.

– Précisément, dit Alice Smith. Il est très utile de reporter les mesures sur un graphique, expliqua-t-elle en sortant un dossier d'un tiroir. Voici le graphique initial que j'ai dessiné pour enregistrer les contacts téléphoniques établis par l'un de mes vendeurs, Jean.

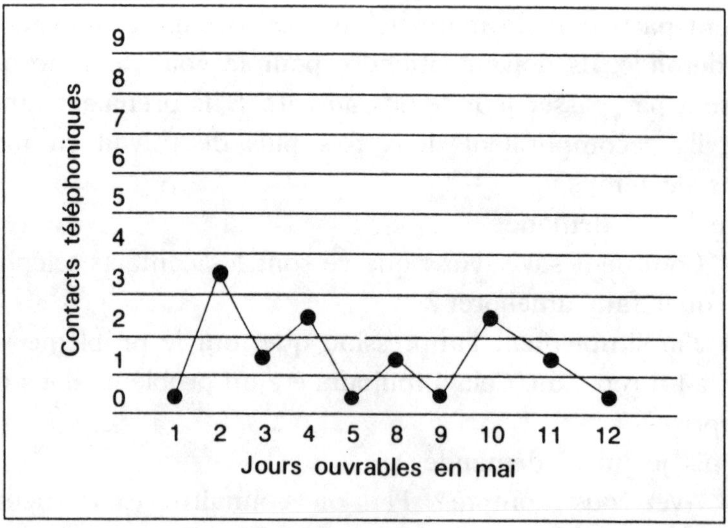

« Sur les diagrammes que nous utilisons, nous indiquons toujours le temps sur l'axe horizontal et le comportement à mesurer sur l'axe vertical, expliqua Alice Smith. Les coordonnées temporelles, dans le cas de Jean, étaient les jours ouvrables en mai sur une période de deux semaines, et le comportement était le nombre de contacts téléphoniques établis chaque jour.

« APRÈS avoir dessiné ce diagramme, j'ai calculé le nombre moyen de contacts établis par Jean chaque jour. Sur deux semaines, la moyenne s'établissait à un contact par jour. Je savais donc qu'il fallait améliorer ce point, puisqu'il y avait une différence entre la prestation effective et la prestation que j'estimais souhaitable. J'étais alors prête pour l'étape PARTICIPATION.

– Est-ce à ce moment-là que vous avez informé Jean de ses problèmes de productivité ? demanda le vétéran.

– Oui, dit Alice Smith. Lorsqu'on s'est assuré qu'une amélioration est nécessaire, il faut partager cette information avec la personne qui est responsable de ce domaine ou qui peut influer sur les résultats obtenus dans ce domaine – dans notre exemple, ce serait Jean.

– Lorsque vous avez établi ce diagramme à propos de Jean et qu'il montre clairement que Jean ne fait pas son travail comme vous pensez qu'il devrait le faire, la tentation doit être grande de lui passer un savon, observa le vétéran, selon la classique méthode du « laisser faire/frapper fort ».

– C'est souvent tentant, admit Alice Smith, mais il faut se contrôler. L'heure éventuelle des réprimandes n'est pas encore venue. En fait, il est important de se souvenir que les diagrammes ne sont pas destinés à être des armes, ni des preuves dans un procès. Ils sont conçus pour être des outils de formation ainsi que des méthodes objectives de rétro-information.

– Alors, comment présentez-vous ce diagramme à Jean ?

– Sans émettre de jugement, dit Alice Smith. Et dans un esprit d'apprentissage. On veut que Jean apprenne, et on suppose que Jean veut faire des progrès. Vous connaissez notre maxime :

★

La rétro-information est le petit déjeuner des champions

★

– C'est bien vrai, affirma le vétéran. Mais, dites-moi, comment faites-vous participer quelqu'un comme Jean, outre l'informer de ses résultats ?

– Je l'implique dans l'établissement des conventions de départ, répondit Alice Smith. C'est-à-dire que nous décidons en commun ce qui doit être convenu au départ, avant que l'on puisse demander à Jean d'améliorer ses résultats pour atteindre le niveau souhaité.

– Outre la fixation des objectifs, quelles autres conventions faut-il mettre en place pour ouvrir le jeu ? dit en souriant le vétéran, fier de montrer ce qu'il avait déjà appris.

– Les stratégies d'entraînement et d'évaluation, répondit Alice Smith. Il faut se mettre d'accord sur la façon dont Jean va être surveillé, comment son travail va être évalué et ce qu'il peut attendre d'une amélioration de ses résultats.

– Fixez-vous toujours les Objectifs Minute en collaboration avec votre personnel ? demanda le manager chevronné.

– Oui, dans la plupart des cas, dit Alice Smith. *Le Management Minute ne fonctionne que si les gens participent.* Sinon, les gens penseront que vous essayez de les manipuler. C'est particulièrement vrai de la fixation des objectifs. La participation à la fixation des objectifs a généralement pour résultat le fait que les gens s'investissent plus dans leur travail, et elle garantit l'établissement d'un objectif réaliste dans le domaine considéré.

– Un objectif réaliste ? demanda le vétéran d'un air étonné.

– Un objectif réaliste est modérément difficile mais réalisable, expliqua Alice Smith. Il est acceptable par vous en tant que manager et il est réalisable par l'employé. Revenons à Jean. Il prend chaque jour un rendez-vous par téléphone. Combien de contacts constituent pour vous un nombre acceptable ? Combien de contacts Jean peut-il établir ?

– Combien en établit le meilleur vendeur ? demanda le vétéran.

– Le fait de comparer Jean aux meilleurs ne l'encouragera pas, répondit Alice Smith ; cela ne fera que le décourager. N'oubliez pas que nous utilisons cette méthode comme un outil de perfectionnement, et non comme une punition.

– Quel nombre de contacts fixeriez-vous comme objectif ? demanda le vétéran, déconcerté.

– Je dirais probablement :

« – Jean, voyons si vous pouvez prendre trois rendez-vous par téléphone chaque jour de la semaine prochaine. Qu'en pensez-vous ?

– Il faut donc être précis dans le nombre et dans le temps, commenta le vétéran.

– Exactement, dit Alice Smith. Que pensez-vous qu'il arriverait si je disais simplement à Jean :

« – Je veux que vous preniez plus de rendez-vous par téléphone, je pense que vous n'en prenez pas assez, ces temps-ci ?

– Il dirait sûrement « D'accord », dit le vétéran, mais il ne le prendrait pas très au sérieux.

– C'est pourquoi je dessinerais un diagramme en présence de Jean, dit Alice Smith. Ainsi il serait convaincu de mon sérieux et il saurait exactement ce qu'il doit faire pour me satisfaire.

Elle sortit un autre diagramme de son dossier.

– Voici le premier diagramme d'objectifs établi pour Jean, dit Alice Smith en le tendant au vétéran.

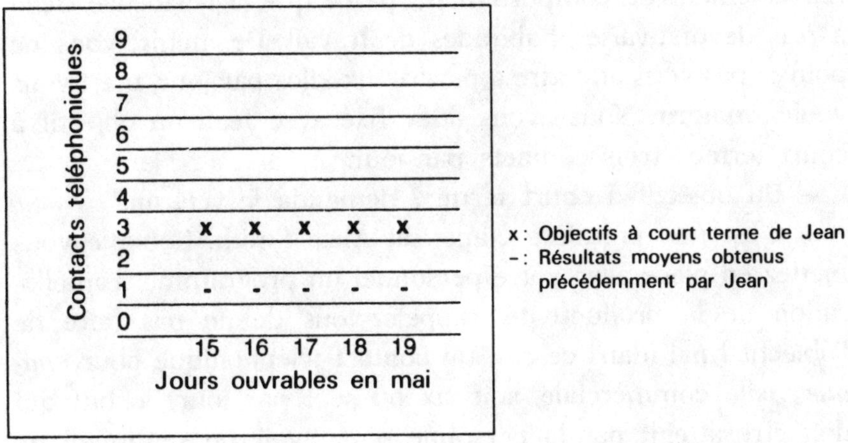

« Vous voyez, nous avons porté sur le diagramme les résultats moyens qu'obtenait Jean auparavant (un contact par jour) ainsi que son objectif à court terme (trois contacts par jour). Ainsi, il pouvait voir la différence entre ce qu'il faisait jusqu'alors et ce qu'il allait tenter de faire à partir de ce moment, expliqua Alice Smith.

– Pourquoi n'avez-vous pas demandé à Jean de prendre un rendez-vous par téléphone pour chaque visite commerciale qu'il allait effectuer ? demanda le vétéran.

– Cela peut être un objectif adéquat à long terme, dit Alice Smith, mais à court terme, on ne peut pas demander un tel renversement de comportement, parce que, à l'évidence, Jean a pris de mauvaises habitudes de travail. De même, vous ne pouvez pas vous attendre à perdre dix kilos par jour, mais vous voulez maigrir. Nous avons donc fixé avec Jean un objectif à court terme : trois contacts par jour.

– Un objectif à court terme ? demanda le vétéran.

– C'est une première étape, dit Alice Smith. Lorsque vous mettez en place avec votre personnel un programme d'amélioration de la productivité, rappelez-vous de ne pas faire de l'objectif final (dans ce cas, un contact téléphonique pour *chaque* visite commerciale, soit six ou sept par jour) le but qui doit être atteint par la personne pour avoir un sentiment de réussite et mériter des félicitations ; sinon, vous risqueriez d'attendre longtemps.

– Je me souviens maintenant de ce concept, dit le vétéran. Au début, lorsqu'on travaille sur la productivité, il faut organiser la progression de manière à pouvoir surprendre les gens en train de faire leur travail à peu près bien (objectif à court terme), et non parfaitement (objectif final).

– Précisément, dit Alice Smith. Le voyage vers le « parfait » se compose d'une série d'escales « à peu près bien ».

– Rome ne s'est pas faite en un jour, dit le vétéran. Donc, ce que l'on veut, c'est enregistrer les progrès accomplis entre le niveau antérieur des prestations et le niveau désiré. Quelle est la meilleure façon de le faire ?

– En impliquant les gens dans le processus d'entraînement, dit Alice Smith. Comme vous le savez, une fois que les gens savent précisément ce qu'on leur demande de faire, l'entraînement consiste essentiellement à observer leurs résultats et à les informer de ce qu'on en pense. Mais le processus d'entraînement est déclenché par le fait de décider, à l'avance, avec les individus concernés, quand et comment vous allez les informer de votre réaction vis-à-vis de leurs résultats. Cet aspect de l'entraînement a lieu pendant l'étape Participation.

– J'imagine, interrompit le vétéran, que le fait de concevoir le système de rétro-information en collaboration avec les employés doit accroître les chances qu'ils réalisent leurs objectifs.

– Exactement, dit Alice Smith. La mise sur pied d'un bon système de rétro-information, à l'aide de diagrammes de résultats, est un point décisif si l'on veut assurer un bon suivi quotidien. C'est pourquoi, avec Jean, nous sommes convenus que je passerais dans son bureau chaque jour pour examiner son relevé de téléphone ; je reporterais ses résultats sur un diagramme et je le lui montrerais.

– Quelles sont les autres conventions d'entraînement que vous avez passées, outre vos visites quotidiennes ? demanda le manager.

– L'enregistrement quotidien des résultats peut demander beaucoup de temps, dit Alice Smith. Nous sommes donc convenus que nous nous réunirions au bout d'une semaine pour voir si Jean pouvait gérer sa propre rétro-information.

– Gérer sa propre rétro-information ? répéta le vétéran.

– Si je considère que Jean a un problème de rendement, je veux élaborer un diagramme que Jean puisse utiliser. Il peut y inscrire lui-même ses croix, ses étoiles, ou ce qu'il veut.

– Ainsi, il pourra dire : « J'ai progressé » ou « Je n'ai pas progressé », suggéra le manager chevronné. Il pourra même commencer à se féliciter ou se réprimander lui-même.

– Oui, dit Alice Smith. La rétro-information autogérée peut être immédiate, aussi proche que possible de l'accomplissement de la tâche.

– A ce stade, quels étaient les autres aspects de la participation de Jean ? demanda le vétéran.

– Tout ce qu'il me restait à faire, dans l'étape P de la méthode LEPEE, était d'impliquer Jean dans l'évaluation des résultats, dit Alice Smith.

– Comment vous y êtes-vous prise ? demanda le vétéran.

– Lorsque nous avons élaboré ce diagramme, Jean savait comment ses résultats allaient être évalués ; mais pour compléter sa participation à l'évaluation des résultats, il nous restait à décider ce que Jean pouvait attendre d'une amélioration de ses résultats, dit Mme Alice Smith.

– Que voulez-vous dire ? demanda le manager.

– Je veux parler des conséquences positives dont bénéficiera Jean s'il atteint son but, répondit Alice Smith.

– Ai-je bien entendu ? Vous avez dit que Jean et vous deviez décider ensemble. Ne lui avez-vous pas simplement dit à quoi il pouvait s'attendre ? demanda le vétéran.

– Si Jean avait été un individu moins capable et motivé, c'est moi qui aurais déterminé les récompenses. Mais Jean savait mieux que moi ce qui le motiverait, expliqua Alice Smith. J'ai demandé à Jean :

« – Qu'est-ce qui vous incitera à prendre plus de rendez-vous par téléphone ?

« Il a dit :

« – Si j'atteins mon quota, écrivez-moi un mot. J'en fais la collection. J'ai gardé toutes les lettres de recommandation que j'ai reçues depuis le lycée. Mais ne demandez pas à votre secrétaire de me dactylographier une lettre standard. Ecrivez-la à la main.

« J'ai trouvé que c'était une bonne idée. Je lui ai dit :

« – Et si vous n'atteignez pas votre quota ?

« Il m'a répondu :

« – Alors venez me dire que je mérite des réprimandes. Vous ne serez même pas obligée de me réprimander. Mais le simple fait de savoir que vous êtes au courant que je reviens à mes anciennes habitudes me remettra sur la bonne voie.

– Avez-vous fait le compte des félicitations et des réprimandes ? demanda en riant le manager chevronné.

– Cela peut paraître drôle, dit Alice Smith, mais c'est exactement ce que j'ai fait. J'ai établi un relevé des félicitations et des réprimandes. Ça a très bien marché. J'établis maintenant un relevé des félicitations et des réprimandes (1) pour chacun de mes employés. C'est simplement une liste de noms, avec des F et des R après chaque nom et quelques mots expliquant ce qui s'est passé. Cela me permet de garder le cap.

(1) Ted Fletcher, directeur de la formation et du perfectionnement des cadres dans la société Nestlé, a formé l'un des directeurs de division, Ed Dippold, au Management Minute. Ils établissent maintenant des relevés de félicitations et réprimandes pour chacun des employés de leur usine du New Jersey. Selon Ed Dippold : « Ça marche vraiment ! Avec les employés syndiqués et les contremaîtres qui font les 3/8, la communication est maintenant plus claire et ouverte. »

– CELA paraît sensé, dit le manager chevronné. Donc, avant que l'entraînement et l'évaluation des résultats ne commencent effectivement, il faut s'être mis d'accord, au cours de l'étape Participation de la méthode LEPEE, sur les conséquences de la réalisation des objectifs.

– Dans le cas de Jean, dit Alice Smith, il connaissait les objectifs (à court et long terme), il savait comment j'allais le superviser et comment ses résultats seraient évalués, et notamment les conséquences auxquelles il pouvait s'attendre en cas de mauvais et de bons résultats.

– Une fois que tous ces aspects ont été précisés, interrompit le vétéran, Jean était prêt à améliorer son comportement en matière de contacts téléphoniques.

– Oui, dit Alice Smith. Et à ce stade, mon rôle n'était plus d'impliquer Jean dans les décisions concernant les conventions de départ, mais d'observer ses résultats et de gérer les conséquences.

– C'est tout l'art de l'entraînement, dit le vétéran. Observer le comportement et exprimer ses réactions devant les résultats – que ce soit des félicitations ou des réprimandes. C'est là que vous abordez l'étape E, d'entraînement, de la méthode LEPEE.

– Vous avez bien compris. Maintenant je vais vous montrer les résultats de Jean, dit Alice Smith. Voici le diagramme de la première semaine.

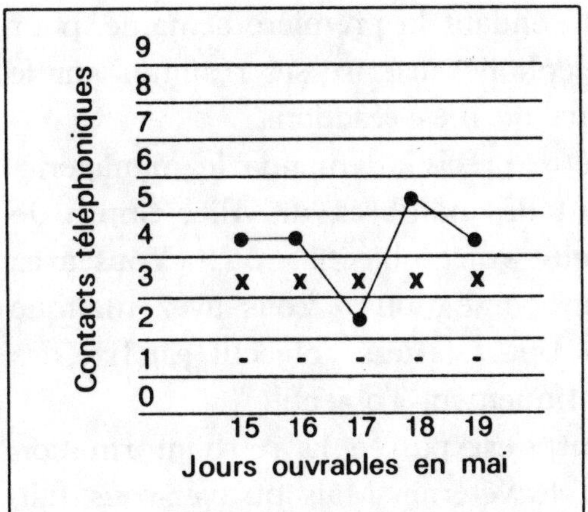

– C'est formidable. Il a dépassé l'objectif, sauf le troisième jour, commenta le vétéran en observant le graphique. Quand lui avez-vous parlé de ses progrès, à la réunion prévue à la fin de la semaine ?

– Non, pas du tout, dit Alice Smith. N'oubliez pas que l'une des règles de base de la rétro-information, c'est qu'elle doit être immédiate et spécifique. Si les réactions sont vagues et viennent longtemps après coup, ce n'est pas un outil de formation efficace. De plus, j'avais convenu avec Jean que je passerais chaque jour à son bureau pendant la première semaine, pour examiner son relevé de téléphone, inscrire ses résultats sur le diagramme et lui faire part de mes réactions.

– A quel point faut-il être précis ? demanda le manager.

– J'utilisais effectivement des nombres, dit Alice Smith. Je lui disais : « Vous avez atteint votre objectif », ou : « Vous avez dépassé votre objectif d'un point », ou : « Vous avez manqué votre objectif d'un point. » Une fois que l'objectif est fixé, les réactions concernent spécifiquement l'objectif.

– Bon, je vois comment s'est passée la rétro-information quotidienne avec Jean, dit le vétéran. Mais qu'avez-vous fait, à la réunion de fin de semaine au cours de laquelle vous aviez prévu de déterminer si Jean pouvait commencer à gérer lui-même la rétro-information ?

– J'étais satisfaite des progrès accomplis par Jean pendant cette première semaine, dit Alice Smith, alors j'étais disposée à accueillir ses suggestions sur la façon dont je pourrais surveiller ses résultats et l'informer de mes réactions. Rappelez-vous : au fur et à mesure que les gens progressent, il faut leur confier de plus en plus de responsabilités en ce qui concerne la surveillance de leurs propres résultats.

« Jean était tout à fait conscient de ses besoins, observa fièrement Alice Smith. Il a dit :

« – Si vous me laissez totalement livré à moi-même, je vais me sentir abandonné. Mais je ne veux pas que vous passiez à mon bureau chaque jour. Cela me perturbe. Pendant le mois à venir, laissez-moi remplir le diagramme quotidien moi-même, et vous viendrez à la fin de chaque semaine pour vérifier. Si j'ai besoin d'aide pendant la semaine, je viendrai vous trouver.

– Vous avez donc conclu un nouvel arrangement avec lui, dit le vétéran. Avez-vous continué jusqu'à ce qu'il accomplisse parfaitement cet aspect de son travail ?

– Absolument, dit Alice Smith. Je ne surveille mes collaborateurs de près que lorsqu'ils en ont besoin. Dès qu'ils peuvent travailler seuls, je suis prête à relâcher ma surveillance. Tout au long de l'entraînement, il faut prévoir de moins en moins d'entretiens de rétro-information, au fur et à mesure que les gens passent progressivement de leur niveau antérieur de rendement au niveau souhaité. Nous utilisons une expression ici, je pense qu'il serait important que vous l'appreniez.

Elle écrivit sur son bloc-notes :

★

Produire de bons résultats,
c'est un voyage,
pas une destination

★

– C'EST bien dit, apprécia le vétéran. Bien des managers se contentent d'annoncer haut et fort une destination (les buts à atteindre), puis ils ne font plus rien et attendent que les gens y arrivent. La méthode LEPEE, en revanche, suggère que la formation est un processus qui consiste à gérer le voyage. Je suis prêt à passer à l'étape EVALUATION, la dernière étape de la méthode LEPEE. L'êtes-vous ?

– Pourquoi pas ? dit Alice Smith. Après tout, évaluation et entraînement sont comme deux doigts de la main. En fait, chaque fois que vous communiquez à quelqu'un vos réactions quant à son travail, il s'agit d'une évaluation. Il faut déterminer de façon continue la progression des résultats dans les zones localisées : obtenez-vous les résultats espérés ? Sinon, pourquoi ?

– Si évaluation et entraînement sont comme deux doigts de la main, pourquoi l'évaluation fait-elle l'objet d'une étape séparée dans la méthode LEPEE ?

– Parce que la plupart des entreprises organisent des séances formelles d'évaluation des résultats, dit Alice Smith. Ces séances se tiennent quatre fois, deux fois ou seulement une fois par an. Dans la méthode LEPEE, nous recommandons de mesurer et de surveiller les résultats relatifs aux Objectifs Minute pendant une durée maximale de six semaines avant d'organiser une séance formelle d'évaluation, à moins que la personne concernée ne soit un gagnant confirmé.

– De quoi parlez-vous pendant ces séances ? demanda le vétéran.

– De rien de nouveau, dit Alice Smith. Tout ce que nous faisons, c'est passer en revue ce dont nous avons parlé pendant le processus d'entraînement. C'est une manière de reconnaître formellement les progrès accomplis, et l'occasion d'évaluer les stratégies futures : le manager peut-il alors confier la supervision du ou des projets LEPEE aux individus concernés, ou sa direction et son aide sont-elles encore nécessaires ?

– L'évaluation, dans la méthode LEPEE, est un processus continu, dit le vétéran, mais elle ne donne pas l'impression d'être une procédure punitive. Un Manager Minute n'essaie pas de tendre des pièges à ses collaborateurs.

– David Berlo, l'un des enseignants et consultants les plus intelligents que j'aie rencontrés, dit Alice Smith, m'a offert la meilleure expression de cette philosophie. Il s'est intéressé au dressage des baleines. Un jour, il a demandé à ses amis dresseurs en Floride s'ils dressaient réellement des baleines à l'aide des concepts dont nous avons parlé à propos du processus d'entraînement. Ils lui ont dit :

« – Oui, à une addition près.

– Qu'est-ce que c'était ? demanda le vétéran.

« – Avant de tenter de faire faire quoi que ce soit aux baleines, ont dit les dresseurs à David, nous les nourrissons et nous nous assurons qu'elles n'ont pas faim. Puis nous sautons dans l'eau et nous jouons avec les baleines jusqu'à ce qu'elles soient convaincues...

– Convaincues de quoi ? demanda le manager.

– Permettez-moi de vous l'écrire, dit Alice Smith, parce que c'est la base du Management Minute.

Elle emprunta le bloc-notes du manager chevronné et y écrivit les mots suivants :

★

Nous ne leur voulons
aucun mal

★

– Voilà une affirmation importante, dit le manager chevronné en lisant ce qu'avait écrit Alice Smith. Il s'agit de la confiance, n'est-ce pas ?

– Assurément, dit Alice Smith. David écrit un livre intitulé *Je ne vous veux aucun mal*, parce qu'il a le sentiment que la plupart des systèmes d'analyse et d'évaluation des résultats mis en place par les entreprises suggèrent exactement le contraire.

– Maintenant que vous en parlez, dit le vétéran, je m'aperçois combien c'est vrai. Les systèmes d'évaluation suggèrent souvent qu'il doit obligatoirement y avoir des gagnants et des perdants.

– Cette notion est totalement absente de la philosophie du Manager Minute, dit Alice Smith.

– Ainsi, quand vous parlez d'évaluation dans la méthode LEPEE, dit le manager, il s'agit toujours de déterminer si les résultats désirés sont atteints. Si c'est le cas, les gens sont félicités. Sinon, ils sont réorientés ou réprimandés selon que le problème est une question de capacité ou de motivation. Existe-t-il d'autres raisons pour lesquelles vous n'obtenez pas les résultats souhaités ?

– Il peut y avoir des défaillances à chaque étape de la méthode LEPEE, répondit Alice Smith. Il se peut que vous ayez localisé un domaine inapproprié ou que vous ayez mal enregistré les données. En impliquant votre personnel, il se peut que vous ayez convenu d'un objectif trop difficile ou trop facile, que vous communiquiez la rétro-information de façon désordonnée, ou que les conséquences que vous proposez ne soient pas assez motivantes.

– Vous prenez donc des responsabilités significatives pour vous assurer que votre personnel fait du bon travail, dit le manager chevronné.

– Absolument, dit Alice Smith. Mon travail, en tant que manager, n'est pas d'observer, de me croiser les bras, d'avoir l'air méchante et d'évaluer. C'est plutôt de remonter mes manches, de réagir aux actions des gens et de leur donner ce dont ils ont besoin pour bien travailler.

– Il faut donc garder les yeux et les oreilles ouverts, interrompit le vétéran. J'imagine que vous revenez souvent à l'étape localisation pour recommencer le processus à zéro. La méthode LEPEE est donc un processus continu.

– Exactement, dit Alice Smith. C'est pourquoi nous aimons présenter cette méthode sur un cadran. Elle indiqua un panneau sur le mur, où l'on pouvait lire les inscriptions suivantes :

Le Manager Minute au travail

LA MÉTHODE LEPEE :
Résumé

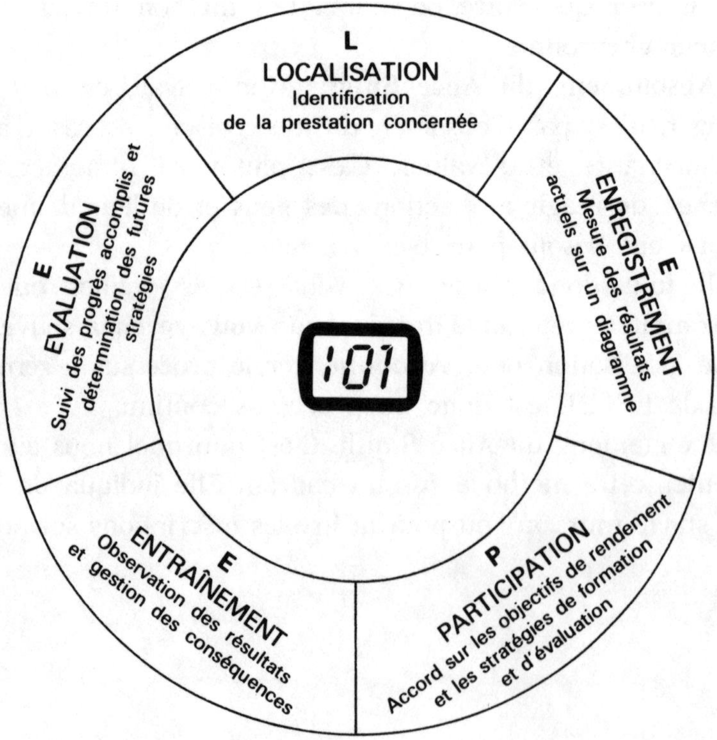

– C'EST formidable. Maintenant je dispose d'un outil pour améliorer la productivité, dit le vétéran.

– Permettez-moi d'insister encore sur un point à propos de la méthode LEPEE, dit Alice Smith. Vous pouvez l'utiliser pour atteindre l'excellence dans tous les domaines de votre vie. Appliquez-la pour perdre du poids ou pour faire du sport ; pour les résultats scolaires de vos enfants ou les tâches domestiques qu'ils doivent accomplir. Avec la participation de votre famille, une résolution de nouvelle année peut, grâce à la méthode LEPEE, devenir une réalité plutôt qu'un vœu pieux parmi d'autres.

– Je dispose maintenant d'une nouvelle façon d'appliquer vraiment ce que je sais du Management Minute d'une manière organisée, dit le manager chevronné.

– En effet, nous avons bien réussi, dit Alice Smith.

– Avez-vous rencontré des gens qui refusaient de manier LEPEE ? demanda le manager.

– Vous devriez demander au Manager Minute de vous parler de Henry, dit Alice Smith avec un sourire, en se levant pour raccompagner le manager à la porte.

– Oui, je vous ai déjà pris beaucoup de temps, dit le manager chevronné. Tout ce que j'ai appris me sera bien utile, et je vous remercie de m'avoir fait part de vos secrets.

– Ce ne sont des secrets, répondit Alice Smith, que parce que les gens agissent comme s'ils n'en avaient jamais entendu parler. En fait, c'est simplement le bon sens mis en pratique.

TANDIS que le manager chevronné se dirigeait vers le bureau du Manager Minute, il réfléchissait à la vérité de cette expression : le bon sens mis en pratique.

Lorsqu'il arriva au bureau du Manager Minute, il fut accueilli par un sourire chaleureux.

– Alors, content de savoir manier LEPEE ? dit en riant le Manager Minute.

– Certainement, dit le vétéran. C'est une méthode très intéressante, mais j'ai une question à vous poser : qui est Henry ?

Le Manager Minute éclata de rire et dit :

– Je savais bien que tôt ou tard, quelqu'un allait vous parler de Henry. Asseyez-vous et je vais vous en parler.

« Quand je suis arrivé ici, j'ai entendu parler de Henry par Steve Mulvany, un consultant en amélioration de la productivité qui avait travaillé avec notre société. Steve m'a dit :

« – Fais attention à Henry quand tu commenceras à former les contremaîtres au Management Minute. C'est un dur à cuire.

« J'avais l'impression que le fait de convertir Henry au Management Minute équivaudrait à persuader un rhinocéros en colère de renoncer à charger.

« Les histoires concernant Henry étaient innombrables. Il était presque devenu un mythe. Par exemple, on m'a dit qu'un matin, il était tellement en colère contre l'un des ouvriers, qu'il l'a littéralement (Henry me l'a confirmé plus tard) soulevé et accroché par ses bretelles à un clou et l'a laissé là jusqu'au déjeuner.

– Comment peut-on faire ça ? demanda le vétéran.

– Henry mesure à peu près 1,80 m sur 1,80 m, et il est costaud, dit le Manager Minute. Quand il est assis au bout de la table de conférence, large de 75 cm, il est presque aussi large que la table. Ses bras sont aussi gros que mes cuisses. Sa tête repose sur ses épaules comme s'il n'avait pas de cou.

– Il n'a pas l'air d'être un individu particulièrement attirant, dit le vétéran.

– Exactement, ce n'est pas le cas, ou plutôt, ce n'était pas le cas, dit le Manager Minute. Ses yeux étaient injectés de sang, il avait une grosse voix grincheuse et il se déplaçait comme un ours en chasse.

« J'ai fait la connaissance de Henry, poursuivit le Manager Minute, lors d'une session de formation. Quand je suis arrivé ici, j'ai commencé à mettre en œuvre le Management Minute et c'est moi qui assurais presque toute la formation. Je suis arrivé en avance à la session où j'ai fait la connaissance de Henry. J'étais en train de préparer le matériel de formation et j'ai soudain eu l'impression que quelqu'un m'observait. Je me suis retourné et j'ai vu Henry, assis tout seul à l'autre bout de la salle de conférence.

– Comment avez-vous su qu'il s'agissait de Henry ? demanda le vétéran.

– J'en ai immédiatement été certain, dit le Manager Minute. Surtout quand mon sourire est resté sans réponse. Je sentais son regard qui me transperçait.

– Que lui avez-vous dit ? interrompit le manager chevronné. J'ai encore l'impression d'être dans un roman-feuilleton.

– Je n'ai rien dit, répondit le Manager Minute, mais je savais qu'il observait mes moindres gestes. C'est du moins l'impression que j'avais. J'ai commencé la séance, et il est resté silencieux jusqu'à ce que je dise : L'un des moyens essentiels de motiver vos subordonnés, c'est de les surprendre à faire du bon travail. Lorsque cela se produit, ai-je demandé, que devez-vous faire, en tant que responsable ? Tout le monde a parlé de récompense et de félicitations, sauf Henry.

– Comment saviez-vous qu'il n'était pas d'accord ? demanda le vétéran.

– Henry a levé la main, dit le Manager Minute, et je me suis dit : Bon, la séance est terminée, je peux faire mes valises. Et il a dit :

« – Je voudrais dire quelque chose.

« J'ai dit : bien sûr !

« Henri a dit :

« – Je voudrais simplement vous dire que j'utilise la punition et que ça marche.

« Je l'ai regardé et je me suis dit : pas étonnant. Que peut-on dire à quelqu'un comme Henry ? Il aurait pu dire que le ciel était vert, et j'aurais convenu que le ciel était vert.

« J'ai repris mon assurance et j'ai dit : C'est très intéressant, Henry. Voudriez-vous nous présenter les arguments en faveur de la punition ?

« Il a dit :

« – Bien sûr ! Il y en a trois : c'est facile, c'est rapide et ça me fait du bien.

« En regardant sa carrure, je me suis dit : Evidemment, ça doit marcher avec lui. Puis j'ai dit : ce sont les arguments en faveur de la punition, Henry. Mais y a-t-il des arguments contre l'utilisation abusive de la punition ?

« Henri a souri et a dit :

« – Je n'en vois aucun.

« J'ai alors dit : Moi, je vois trois domaines sur lesquels un abus de punition peut influer : le taux de rendement, l'absentéisme et la rotation du personnel.

« Henry m'a regardé ébahi, parce qu'il savait à quoi je pensais : le taux de productivité de ses équipes était le plus faible de toute l'usine. Il le savait bien, et j'avais déjà entendu ses excuses : "J'ai hérité du département le plus dur" et "Je suis responsable d'une équipe de relève et tout le monde sait que les équipes de relève ont toujours le plus faible rendement".

« L'absentéisme : dans l'équipe de Henry, 20 % des effectifs étaient toujours absents, de sorte que seuls huit ouvriers sur dix étaient présents la plupart du temps. Les employés du service Personnel racontaient en plaisantant que, sans l'équipe de Henry, il faudrait supprimer un poste administratif. En effet, ils passaient beaucoup de temps chaque jour à traiter les demandes de transfert, les résiliations de contrats et l'embauche pour son service.

« La rotation du personnel : c'est dans son service qu'elle était la plus élevée. Mais je l'avais entendu dire : "Je gère le pire service qui puisse exister et tout le monde veut sortir de là."

« Quand il était devenu évident qu'il était acculé, Henry a dit :

« – O.K., patron, mais qu'est-ce que vous voulez que je fasse avec des fainéants comme ça ? Ils travaillent pour se payer à boire. En plus, je ne les aime pas et ils ne m'aiment pas.

« J'ai dit : Henry, je sais que vous pensez probablement que ces sessions sont une perte de temps. M'accorderez-vous quand même une chance ?

« – D'accord, a dit Henry. Mais je ne me fais pas d'illusions.

« Après avoir dit qu'il fallait commencer tout programme d'amélioration de la productivité par la localisation du problème et l'enregistrement des résultats actuels, j'ai parlé de l'importance du relevé informatique quotidien pour suivre les progrès et assurer la rétro-information. Dans notre entreprise, voyez-vous, les contremaîtres disposent de données précises sur le rendement.

– Et pendant que vous parliez, que faisait Henry ? demanda le manager chevronné.

– Il était assis, les bras croisés, répondit le Manager Minute. Il n'y avait aucune expression sur son visage.

« A la fin de la réunion, à ma grande surprise, Henry est venu me trouver et m'a dit :

« – Je pense que tout ce truc doit être inutile. Mais j'aimerais augmenter mon taux de rendement. Vous avez une idée à me proposer ?

« L'ordinateur vous indique chaque jour le rendement obtenu sur chaque machine le jour précédent, ai-je répondu. Puisqu'il y a un ouvrier par machine, vous savez donc aussi où en est le rendement de chacun de vos ouvriers. Tout ce que je vous demande de faire, c'est de tracer un diagramme pour chaque ouvrier et, au début de chaque journée, d'y inscrire le rendement de la veille, puis d'aller voir chaque ouvrier et de lui montrer les résultats qu'il a obtenus le jour précédent. C'est tout ce que je vous demande de faire.

« – D'accord, a dit Henry. Je vais essayer, même si je pense que ça ne marchera pas.

« Le lendemain matin, je suis descendu aux ateliers pour voir ce qui se passait, poursuivit le Manager Minute. Henry a sorti le listing de l'ordinateur et a inscrit les données sur des diagrammes pour chacun de ses ouvriers ; puis il s'est approché du premier et lui a dit :

« – Bon, inutile de me raconter des histoires à propos de ce chiffre-là. Regarde, c'est tout. Et il a montré à l'ouvrier son taux de rendement.

« Je me suis dit : Cela va être un désastre. Alors j'ai dit à Henry : Contentez-vous de leur montrer le chiffre et ne dites rien d'autre. Dites simplement : "Hier, ton taux de rendement a été de 86 %" ou "Tu as fait 94 %" ou "Tu as fait 75 %".

« Quand il a dit à l'ouvrier suivant : "Hier, ton taux de rendement a été de 83 %", l'ouvrier lui a dit : "Henry, va-t'en et fiche-moi la paix, sinon on va appeler le syndicat. Arrête tes histoires. Laisse-nous tranquilles. Ça fait des années que tu nous laisses tranquilles, sauf quand on fait des erreurs, alors va-t'en."

« Henry m'a alors dit :

« – Je vous avais bien dit qu'ils ne m'aimaient pas.

« Je lui ai dit : Henry, persévère.

« Henry a continué à montrer à ses ouvriers leur taux de rendement ; pourtant, ils le rembarraient et ne regardaient même pas leur diagramme. Et puis, au bout d'environ quatre jours, j'ai vu qu'ils commençaient à être attentifs, lorsque Henry venait leur montrer leur rendement. Ils commençaient à regarder leur diagramme parce qu'ils obtenaient des réactions à propos de leur travail et qu'ils pouvaient comparer leur rendement de la veille et de l'avant-veille, et du jour avant. »

– Et la comparaison se faisait vis-à-vis d'eux-mêmes, pas des autres ouvriers, interrompit le vétéran.

– Oui, dit le Manager Minute. Nous estimons qu'il est plus constructif que les gens soient en compétition avec eux-mêmes et avec une norme de productivité plutôt qu'avec leur collègues.

– Que s'est-il passé ensuite ? demanda le vétéran, impatient d'entendre la suite de l'histoire de Henry.

– Henry a dit à ses ouvriers :

« – Ecoutez, les gars, j'en ai assez de vous montrer à chacun vos résultats. A partir de maintenant, si vous obtenez un rendement de 85 % ou plus, je passerai vous montrer votre diagramme. Mais si vous n'avez pas obtenu 85 %, vous ne méritez même pas que je vous adresse la parole.

– Voyons si je peux remettre cet exemple dans le contexte de la méthode LEPEE, suggéra le manager chevronné. Lorsque Henry a dit qu'il voulait améliorer son rendement, il a localisé le problème. C'est le « L ». Quand il a établi les diagrammes à partir des données informatiques, c'était le « E » d'enregistrement. Et quand il a commencé à montrer aux ouvriers leurs taux de rendement, il les faisait participer, même s'il était un peu autocratique. Voilà pour « P ». Et là, en décidant de ne s'adresser qu'aux ouvriers ayant obtenu un rendement d'au moins 85 %, Henry commençait à gérer les conséquences et à mettre en place l'entraînement, « E ». Cette décision a été prise lors d'une séance d'évaluation organisée à sa façon : c'est le dernier « E ».

– Exactement ! dit le Manager Minute. Vous avez vraiment vite appris à manier LEPEE !

– J'adore toute cette simplicité, dit le manager chevronné.

– C'était drôle de voir Henry, poursuivit le Manager Minute, s'approcher d'un ouvrier et, voyant que son taux de rendement était inférieur à 85 %, passer près de lui sans rien dire ni lui montrer son diagramme. L'expression qui se lisait sur le visage de cet ouvrier était incroyable. On aurait dit que Henry lui avait donné un coup de couteau dans le dos.

– Je parie que tout le monde a bientôt dépassé le taux de 85 %, dit le vétéran.

– Vous pouvez le croire ! dit le Manager Minute. Au bout d'environ une semaine, Henry les a tous convoqués à nouveau. Il leur a dit : « Vous me faites 95 % de rendement, sinon je ne m'approche pas de votre machine. » Leurs taux de rendement sont montés en flèche.

– C'est d'autant plus étonnant que Henry se contentait de leur livrer les informations, dit le vétéran.

– C'est vrai, dit le Manager Minute. Il ne disait pas s'ils faisaient bien ou mal leur travail. Le simple fait que Henry se présente près de leur machine était important pour les ouvriers.

– Il a continué comme ça, poursuivit le Manager Minute, pendant un certain temps. Puis, environ un mois plus tard, il a remis à chaque ouvrier son propre diagramme ; il a cessé de venir auprès de chaque machine mais il laissait les données informatiques sur son bureau. Je vous jure que, à l'heure de la pause, neuf ouvriers sur dix accouraient pour prendre connaissance de leur rendement et remplir leur diagramme.

« Puis Henry s'est mis à entourer en rouge les noms des ouvriers qui obtenaient 95 % de rendement. Le croirez-vous ? Une bande de durs à cuire comme eux, en train d'essayer de savoir s'ils allaient avoir un cercle rouge ce jour-là ? Ils pensaient que le fait d'avoir son nom entouré de rouge voulait vraiment dire quelque chose de spécial.

– Que devenait le rendement, dans le service de Henry, pendant ce temps ? demanda le manager chevronné.

– Il montait en flèche sur les diagrammes, dit le Manager Minute. Parallèlement, l'absentéisme et les retards diminuaient. Les autres contremaîtres n'arrivaient pas à y croire. Ils pensaient que Henry trichait sur les données. Mais je sais que ce n'était pas le cas parce que je vérifiais les données.

– Qu'a-t-il fait ensuite ? demanda le vétéran.

– Un jour, dit le Manager Minute, il a rassemblé tous ses ouvriers et il leur a dit :

« – Les gars, vous avez vraiment amélioré votre rendement. Je vais vous dire ce qu'on va faire. Ma femme fait le meilleur pain d'épices que vous ayez jamais mangé ; si chacun de vous arrive à 100 % de rendement, je demanderai à ma femme d'apporter du pain d'épices pour tout le monde demain au déjeuner.

« Je n'étais pas à cette réunion, mais j'en ai entendu parler. Je suis allé voir Henry et je lui ai dit : Henry, du pain d'épices pour motiver vos ouvriers ? Ça ne va jamais marcher.

« Il m'a dit :

« – C'est ce que vous croyez, laissez-moi faire.

« Je lui ai dit : Henry, vous pouvez faire ce que vous voulez – comme si je pouvais l'en empêcher !

« Henry n'allait même plus faire le tour des machines, poursuivit le Manager Minute. Les ouvriers se surveillaient eux-mêmes. Par exemple, si l'un d'eux s'éloignait de sa machine, un autre lui criait : "Eh ! Où vas-tu ? Reviens travailler."

– Est-ce qu'ils sont tous arrivés à un rendement de 100 % ? demanda le vétéran.

– Et comment ! dit le Manager Minute. Sans exception. Donc le lendemain au déjeuner, la femme de Henry a apporté des plateaux entiers de pain d'épices. Tout a été englouti en moins de temps qu'il n'en faut pour le dire. Ils ont adoré ça.

« J'étais vraiment admiratif, alors j'ai essayé de reproduire dans tous les services ce que Henry avait fait.

« J'ai convoqué mes principaux collaborateurs et je leur ai dit que j'étais prêt à payer le déjeuner du lendemain à tous les services qui auraient obtenu 100 % de rendement pendant au moins une journée.

– Qu'en ont pensé vos collaborateurs ? demanda le manager chevronné.

– Ils ont tous trouvé que c'était une idée formidable, dit le Manager Minute. Nous avons fait imprimer des tickets que les employés pourraient utiliser auprès du « camion ».

– Le camion ? s'étonna le vétéran.

– Oui, le camion de ravitaillement qui fait le tour des usines en vendant toutes sortes de bonnes choses, dit le Manager Minute. Le personnel attend souvent qu'il arrive pour déjeuner.

« Je pensais que mon plan était une bonne idée, mais ça a été un fiasco. En fait, les gens y étaient même hostiles. Ils disaient par exemple : "C'est ridicule ! Ne nous demandez pas une hausse de productivité de trois mille francs en échange d'un ticket de dix francs. C'est une insulte."

– Que s'est-il passé ? demanda le vétéran.

– J'étais déconcerté, dit le Manager Minute, alors j'ai demandé à Henry de venir me voir.

– Henry est donc maintenant conseiller auprès de la direction ! dit en riant le vétéran.

– Il m'a fallu du courage pour admettre que j'avais besoin des conseils de Henry, admit le Manager Minute.

– Que pensait Henry de votre programme ? demanda le manager chevronné.

– Il avait décidé de ne pas appliquer le programme des tickets, dit le Manager Minute. En fait, il était même l'un des meneurs de la révolte. C'est la raison pour laquelle je voulais lui parler, pour savoir pourquoi il ne voulait pas participer à ce programme.

« Quand Henry est arrivé à mon bureau, je lui ai posé la question. Il s'est penché sur moi et m'a menacé d'un index réprobateur :

« – Vous avez essayé de corrompre les employés. Vous leur avez offert un ticket à dix francs pour qu'ils augmentent leur productivité. Permettez-moi de vous dire ce que nous en pensons. Nous sommes en colère. Nous nous sentons exploités et insultés.

« Puis il a baissé son doigt, s'est tu et m'a regardé droit dans les yeux pendant ce qui m'a semblé être une éternité.

« – Permettez-moi de vous dire encore quelque chose, a dit Henry en rompant le silence. Vous êtes quelqu'un de bien. Vous avez accompli un travail formidable en appliquant ici le Management Minute. Nous estimons que vous valez mieux que ces histoires de corruption.

« Puis Henry a souri et m'a dit :

« – C'est pas mal, non, comme Réprimandes Minute ?

« Je dois admettre que le fait de me trouver confronté à des réprimandes venant de Henry n'était pas l'expérience la plus agréable de ma vie, dit le Manager Minute.

« Après avoir repris mes esprits, je lui ai dit : Je me rends compte que j'ai fait une erreur, mais en quoi mon programme était-il différent de votre pain d'épices ?

« – C'est ma femme qui a préparé ce pain d'épices, dit Henry. Elle s'est donné de la peine et moi aussi. Vous nous avez offert dix francs pour acheter à manger au camion. C'est une insulte, c'est de la corruption.

« Alors mes tickets-repas, ai-je dit, étaient une insulte parce que ce n'était pas un geste personnel et qu'ils ne me demandaient aucun engagement affectif ?

« – Exact, a dit Henry. Vous avez fait un travail formidable dans cette entreprise, avec l'introduction du Management Minute et l'enseignement des 3 C. La plupart d'entre nous sommes prêts à manier LEPEE pour arriver à de meilleurs résultats. Les gens qui travaillent pour vous sont des gagnants, et il ne faut pas leur ôter le ballon des mains. N'essayez pas d'imposer d'en haut le sens de la motivation.

« Je comprends ce que vous voulez dire, Henry, ai-je répondu, et j'apprécie votre honnêteté.

« – D'accord, a dit Henry. J'ai appris beaucoup de choses ici et il n'y a pas de raison que je ne vous aide pas à apprendre, vous aussi.

« Nous avons échangé un sourire et nous nous sommes serré la main.

– Henry est un sacré type, n'est-ce pas ? dit le manager chevronné (1).

– Certainement, dit le Manager Minute. C'est grâce à des gens comme lui que nos efforts ont porté leurs fruits dans cette entreprise.

– Et il m'a aidé à intégrer le facteur humain aux concepts que j'ai appris ici, ajouta le manager chevronné. En parlant de ce que j'ai appris, j'aimerais résumer tout cela. Je veux être certain d'avoir tout compris.

– Allez-y, dit le Manager Minute.

(1) L'histoire de Henry est tirée d'un personnage réel. Il représente les caractéristiques de nombreux superviseurs exceptionnels avec lesquels nous avons travaillé. C'est Steve Mulvany, président de la société Management Tools, Inc., basée à Orange (Californie), qui a élaboré cette histoire alors que Bob Lorber était président et Steve Mulvany premier vice-président de P.S.I., une société d'amélioration de la productivité qui a mené un projet dans l'usine de Henry. Steve a supervisé ce projet et, depuis, il a immortalisé Henry sous le pseudonyme de « Sid » dans les séminaires et les présentations qu'il effectue dans le monde entier.

– TOUT d'abord, j'ai trouvé des réponses aux questions que je me posais à propos des trois secrets du Management Minute : fixation des Objectifs Minute, Félicitations Minute et Réprimandes Minute, se souvint le vétéran. Ensuite, j'ai appris que les 3 C du management (les conventions de départ, le comportement qui en résulte et les conséquences appropriées) aident à ordonner ces secrets et à les rendre utilisables. Enfin, grâce à la méthode LEPEE, je vais pouvoir mettre le Management Minute en pratique d'une manière systématique, que tout le monde peut apprendre. Elle transforme les secrets en compétences et elle prolonge l'application du Management Minute au-delà des individus, aux groupes de travail et à l'organisation dans son ensemble.

Le Manager Minute souriait en écoutant parler le manager chevronné. Il aimait voir l'enthousiasme que suscitait chez les gens le fait d'apprendre de nouvelles choses.

– On dirait que vous avez tout assimilé, commenta le Manager Minute.

– Oui, je pense, dit le vétéran. Je ne saurais trop vous remercier d'avoir partagé avec moi ce que vous savez et ce que vous avez appris sur le management.

– Tout le plaisir était pour moi, dit le Manager Minute. Toutes ces connaissances sont faites pour être partagées. Permettez-moi de vous suggérer une dernière chose. La meilleure façon de devenir un Manager Minute et d'utiliser ce que vous avez appris, c'est de vous lancer. L'important n'est pas de bien le faire, mais de se mettre en route. Nous avons un dicton, chez nous, qui dit :

★

Tout ce qui vaut la peine d'être fait
ne doit pas nécessairement
être bien fait –
au début

★

– COMME c'est vrai ! dit le vétéran. Je suis vraiment résolu à me lancer.

– Ce n'est pas votre résolution qui m'inquiète, dit le Manager Minute. C'est l'engagement vis-à-vis de votre résolution. Par exemple, les gens disent que les régimes amincissants ne marchent pas. Ils marchent très bien – ce sont les gens qui ne marchent pas. Ils abandonnent leur résolution de perdre du poids. Je ne veux pas que cela vous arrive lorsque vous mettrez le Management Minute en pratique.

– Ce que vous dites là m'éclaire sur les paroles d'un ami, dit le vétéran. Il m'a dit que je devrais cesser d'essayer. Je devrais faire quelque chose ou ne pas le faire.

– C'est là que je voulais en venir, dit le Manager Minute. Pour illustrer cela, voudriez-vous essayer de prendre ce stylo sur le bureau ?

Le vétéran se dirigea vers le bureau et y prit le stylo.

– Je vous ai dit d'essayer de prendre ce stylo, je ne vous ai pas dit de le prendre, dit le Manager Minute.

Le manager chevronné sourit.

– Vous m'avez compris, dit le Manager Minute. Soit vous le faites, soit vous ne le faites pas. Le fait de dire « Je vais essayer » ne fait que réinstaurer vos anciennes habitudes, et en conséquence vous ne le ferez pas.

– Merci pour ce dernier conseil, dit le vétéran. Je ne veux certainement pas être comme l'homme qui était accroché à une branche au-dessous de la falaise et qui criait : « Y a-t-il quelqu'un d'autre là-haut ? ».

Sur ce, le manager chevronné se leva et tendit la main au Manager Minute.

– Je vais le faire, dit-il sincèrement.

LORSQUE le manager chevronné quitta le bureau du Manager Minute, il était impatient d'appliquer ce qu'il avait appris. Il se sentait engagé vis-à-vis de cette résolution.

C'est ce qu'il commença à faire dès le lendemain. Il n'attendit pas de savoir faire parfaitement ce qu'il avait appris. Il savait que s'il attendait, il ne s'y mettrait jamais ; il fit donc part à ses collaborateurs de ce qu'il avait appris, et ceux-ci en firent part à leurs collègues. Chacun soutenait l'effort des autres dans l'application du Management Minute.

En travaillant avec son personnel, le manager chevronné s'aperçut qu'il fallait mettre en place dans l'organisation quatre systèmes, pour que le Management Minute soit rentable. Les employés devaient savoir : ce qu'on leur demandait de faire (système des responsabilités) ; ce qu'était un bon comportement (système des données sur le rendement) ; s'ils faisaient du bon travail (système de rétro-information) ; et ce que leur apporterait une amélioration des résultats (système de reconnaissance).

Et bientôt, tout le monde, dans l'organisation du manager chevronné, se mit à appliquer la méthode LEPEE à chaque Objectif Minute. Les objectifs eux-mêmes symbolisaient les zones de prestation *localisées*. Les résultats en cours dans chacun de ces domaines étaient *enregistrés*. Puis chaque employé *participait* à la fixation des objectifs, ainsi qu'à l'établissement de stratégies d'entraînement et de conseil. Alors commençait *l'entraînement*. Les managers répondaient aux besoins de supervision exprimés par les employés. Chacun voulait que tout le monde gagne. Lorsque l'heure de *l'évaluation* était venue, on examinait les progrès accomplis et on fixait de nouveaux objectifs.

L'inévitable se produisit bientôt :

LE MANAGER CHEVRONNÉ RÉUSSIT À METTRE EN PRATIQUE
LE MANAGEMENT MINUTE
ET LES CHOSES CHANGÈRENT

Non seulement les gens se sentaient plus à l'aise, mais ils produisaient aussi de meilleurs résultats. Et, de façon plus importante, l'application du Management Minute changea les choses là où cela comptait vraiment : dans les résultats. La production s'accrût, la qualité s'améliora, les ventes montèrent en flèche et la stabilité du personnel ainsi que l'assiduité des employés dépassèrent celles de toutes les entreprises de la région.

Partout où il allait, le manager chevronné partageait avec d'autres ce qu'il avait appris. Le Management Minute fut bientôt connu sous le nom de Théorie M. Le Manager Minute disait :

– Vous pouvez toujours appliquer vos Théorie X, Théorie Y ou Théorie Z. Nous appelons le Management Minute la Théorie M parce que ça marche.

Partout où il allait, le manager chevronné disait toujours aux gens qui avaient appris à appliquer le Management Minute...

★

Respectez votre engagement
vis-à-vis de votre résolution
et partagez-le
avec les autres

★

101 *Remerciements*

Nous souhaitons remercier publiquement les personnes suivantes, dont les contributions conceptuelles nous ont fourni une aide précieuse pour écrire ce livre :

David Berlo, pour son analyse sur la question de savoir pourquoi les organisations ne sont pas un endroit agréable pour les gens.

Tom Connellan, Aubrey Daniels et *Larry Miller,* pour nous avoir appris beaucoup de choses sur l'amélioration de la productivité.

Werner Erhard, pour ce qu'il nous a appris sur la façon dont on peut faire marcher la vie et rester fidèle à ses engagements.

Paul Hersey, pour sa créativité et sa capacité d'appliquer les théories sur les sciences du comportement.

Spencer Johnson, pour avoir attaché le concept « Minute » aux félicitations et réprimandes.

Fred Luthans et *Robert Kreitner,* pour l'une des premières conceptualisations des 3 C.

David McClelland, pour son travail de pionnier sur la motivation.

Gerald Nelson pour avoir élaboré les remontrances minute, prédécesseurs des Réprimandes Minute.

George Odiorne pour son travail sur la fixation des objectifs (D.P.O.) et le « piège de l'activité ».

B. F. Skinner pour ses travaux de référence sur la théorie du renforcement.

Rick Tate pour avoir imaginé l'expression « Feedback is the Breakfast of Champions » (« La rétro-information est le petit déjeuner des champions »).

Remerciements personnels

Nous souhaitons remercier publiquement un certain nombre de personnes importantes dans notre vie, qui nous ont influencés et soutenus.

Ken Blanchard remercie :

Spencer Johnson, coauteur du *Manager Minute,* parce qu'il est mon associé littéraire, parrain d'édition et ami.

Kelsey Tyson, pour son marketing créatif de la version originale du *Manager minute* et pour son dévouement inlassable et son amitié fidèle.

Margaret McBride, mon agent littéraire, amie et médiatrice, pour son soutien constant.

Tout le personnel de William Morrow and Company, Inc., et en particulier *Pat Golbitz* et *Larry Hughes,* pour avoir cru en Spencer et moi et en le *Manager Minute,* ainsi que *Al Marchioni* et ses collaborateurs, pour avoir distribué et vendu le livre.

Les chefs d'entreprise suivants, qui ont cru en moi-même et en le *Manager Minute,* et nous ont apporté le soutien qui a permis de réaliser le rêve de publier un best-seller :

Roy Anderson
Rhett Butler
Jim Delapa
Bob Davis
Dave Hanna
David Jones
Lou Neeb
Ernie Renaud
Bud Robinson
Mike Rose
Don Smith
Jere Thompson

Michael et *Nina Shandler*, deux écrivains et formateurs très talentueux, qui ont littéralement vécu avec le manuscrit pendant les versions intermédiaires et, en travaillant avec moi, ont permis de transformer ce bon livre en ce que j'estime être un « super livre ».

Ken Haff, *Laurie Hawkins*, *Drea Zigarmi* et *Pat Zigarmi*, mes collègues et amis, pour leur amitié et leur soutien constants ainsi que pour leurs utiles commentaires.

Paul Hersey, mon mentor, ami, père et frère – tout en un seul homme.

Eleanor Terndrup, ma secrétaire compétente et deuxième mère. Du début à la fin de ce manuscrit, Eleanor a toujours été présente quand il le fallait.

Bernadette McDonald, pour sa dévotion inépuisable et son engagement vis-à-vis d'un travail de qualité. Sans ses talents dactylographiques et administratifs pendant la période des versions intermédiaires, ce livre ne serait jamais devenu réalité.

Lynette Grage, pour s'être inquiétée de savoir où nous allions trouver assez d'argent pour réaliser tous mes rêves.

Regina Rule, *Pat Nekervis* et *Donna Hagen*, pour leur travail acharné et leur intérêt pour *le Manager Minute*.

Des remerciements particulièrement chaleureux à mes parents, *Dorothy* et *Ted Blanchard*. Ma mère a été pendant toute ma vie une source constante d'inspiration, et particulièrement depuis la mort de mon père. Il n'est plus là pour partager avec moi ce phénomène du *Manager Minute*, mais je sens son soutien.

Bob Lorber remercie :

Gordon Anderson, pour m'avoir donné l'occasion de créer ma société, Productivity Implementation Company, et pour m'avoir appris que les Etats-Unis ne sont qu'une partie du monde.

Linda Belton, pour sa loyauté et ses compétences exceptionnelles en tant qu'assistante, pendant bien des années de travail sur l'application de la productivité.

Gene Bryan, pour ses travaux en informatique et pour avoir transformé en une réalité le management assisté par ordinateur. Il est le coauteur de notre livre *The Profit Gap.*

Fred Chaney, mon mentor, pour m'avoir offert l'occasion de fonder et développer la société Performance Systems Improvement (PSI).

Bob Elliott, pour avoir pris le risque de croire en moi et m'avoir laissé appliquer moi-même notre premier programme d'amélioration de la productivité.

Ethan Jackson, pour ses conseils précieux dans les domaines commercial et personnel, et pour son amitié inconditionnelle. Pour avoir modélisé l'équilibre critique entre famille et travail, et m'avoir ouvert les yeux aux aspects spirituels de la vie.

Kef Kamai, mon associé, ami et compagnon de route, pour avoir attiré mon attention sur ma santé et ma forme physique. Pour être le parrain de Tracie et être toujours là quand j'ai besoin de lui.

Larry Miller, précieux collègue et ami, pour être mon associé sur la côte Est dans nos activités d'amélioration de la productivité.

Jim Morrel, pour ses conseils, son amitié et son influence sur ma carrière.

Pat Murray, mon associé en matière de planification, de constitution d'équipes de direction et de résolution des conflits, pour m'avoir appris la pleine signification de l'intégrité.

Bud Ogden, pour m'avoir ouvert le monde de l'industrie charbonnière, avec sa beauté, ses difficultés et ses individus vrais, et pour les opportunités qu'il m'a personnellement offertes.

Mark Rosen, mon premier collègue dans l'amélioration de la productivité, pour toutes ces années d'amitié et de fraternité.

Carl Samuels pour son amitié désintéressée, ses conseils et son ouverture d'esprit.

Donna Sillman, pour nous avoir aidés à mettre en forme la première version de ce livre, et pour être restée en Californie pour veiller au développement de notre nouvelle société.

Fran Tarkenton pour son énergie, son inspiration et ses contributions au domaine de l'amélioration de la productivité.

Ed Winguth, pour avoir toujours cru en moi et pour son aide constante lorsque j'ai dû prendre des décisions complexes au sujet de ma carrière.

Des remerciements spéciaux à mon père et à ma mère : *Rose* et *Jules Lorber.* Ils me comprennent toujours, me soutiennent, expriment leur amour et pratiquent les principes décrits dans ce livre.

Les auteurs

Dr Kenneth H. Blanchard, coauteur du *Manager Minute,* auteur, formateur et consultant internationalement connu, enseigne le leadership et le comportement organisationnel à l'Université du Massachusetts à Amherst. Il a écrit de nombreux ouvrages traitant du leadership, de la motivation et de la gestion du changement, et notamment l'ouvrage célèbre et largement utilisé, édité par Prentice-Hall et intitulé : *Management of Organizational Behavior : Utilizing Human Resources,* en collaboration avec Paul Hersey, ouvrage en quatrième édition, et le best-seller *Le Manager Minute,* paru chez William Morrow and Company, en collaboration avec le Dr Spencer Johnson.

Le Dr Blanchard a obtenu une licence d'administration et de philosophie à l'Université Cornell, une maîtrise de sociologie à l'Université Colgate, et un doctorat de gestion et administration à l'Université Cornell.

En tant que président du conseil d'administration de Blanchard Training and Development, Inc., une société de développement des ressources humaines basée à San Diego (Californie), le Dr Blanchard a formé plus de 100 000 managers et a conseillé un grand nombre d'entreprises et d'organismes publics. Son approche de la gestion a été adoptée par un grand nombre des 500 entreprises cotées dans le magazine *Fortune,* ainsi que par de nombreuses jeunes entreprises innovantes.

Dr Robert L. Lorber, expert en amélioration de la productivité reconnu au plan international, est président de RL Lorber and Associates, Inc., une société spécialisée dans la conception stratégique et la mise en œuvre de systèmes d'amélioration de la productivité, dont le siège se trouve à Orange (Californie).

Le Dr Lorber a obtenu ses diplômes de licence et maîtrise à l'Université de Californie à Davis, ainsi qu'un doctorat de sciences du comportement appliquées et psychologie organisationnelle. Ses nombreuses publications comptent notamment : *Effective Feedback : The Key to Engineering Performance ; Managing Data vs. Gut Feeling ; How to Implement Change : Supervise and Lead ;* et *Productivity – in Five Intensive Lessons.*

Le Dr Lorber participe à de nombreuses conférences, notamment dans les universités appartenant à la Young Presidents' Organization. Il est membre du conseil d'administration de la Business School de l'Université de Santa Clara, du conseil des éditeurs du *Journal of Organizational Behavior Management,* et il est membre des associations suivantes : Presidents Association of the American Management Association, American Productivity Management Association, the American Psychological Association, et World Affairs Council.

Le Dr Lorber et sa société ont mis en place des systèmes d'amélioration de la productivité dans de petites et moyennes entreprises, ainsi que dans de nombreuses sociétés classées dans *Fortune 500,* aux Etats-Unis, au Proche-Orient, en Amérique du Sud, au Mexique, en Afrique, en Europe et au Canada.

Services disponibles

Ken Blanchard et Robert Lorber travaillent en étroite collaboration, et leurs deux sociétés – Blanchard Training and Development, Inc. et RL Lorber and Associates, Inc. – coopèrent pour aider les organisations à améliorer leurs résultats ainsi que la satisfaction de leurs employés.

Les services qu'ils offrent sont les suivants, entre autres : séminaires de deux à cinq jours ; supports pédagogiques : instruments d'auto-évaluation, programmes audio et vidéo ; consultations continues : constitution d'équipes, programmes à long terme d'amélioration de la productivité.

Le Manager Minute au travail est également disponible (en anglais) : sur vidéocassette auprès de CBS Fox Video, sur cassette audio auprès de Nightingale-Conant Corporation, sur film auprès de Cally Curtis Company, sur logiciel informatique auprès de Resource 1 Inc., sous forme de séminaire auprès de Blanchard Training and Development Inc. et RL Lorber and Associates, et lors de conventions auprès de Conference Speakers International.

Pour plus d'informations, prière de contacter :
Blanchard Training and Development, Inc.
2048 Aldergrove Avenue, Suite B
Escondido, California 92025 619/489-5005
ou
RL Lorber and Associates, Inc.
505 South Main Street, Suite 1017
Orange, California 92668 714/541-5001

Composition P.C.A.
à Bouguenais (L.-A.)
Achevé d'imprimer par
l'Imprimerie de l'Indépendant
Château-Gontier
le 30 octobre 1987
N° d'éditeur : 786
N° d'imprimeur : 10432
Dépôt légal : 4e trimestre 1987

Imprimé en France